湖北省社科基金项目"基于语料库的0—5岁汉语儿童语言发展研究"
（项目编号：2019170）成果

基于语料库的0-5岁汉语儿童语言发展研究

杨先明　著

A Corpus-based Study on Language Development in 0-to-5-year-old Chinese-speaking Children

武汉大学出版社

图书在版编目(CIP)数据

基于语料库的0-5岁汉语儿童语言发展研究/杨先明著.—武汉：武汉大学出版社,2020.12(2022.4重印)
　　ISBN 978-7-307-21659-4

　　Ⅰ.基…　Ⅱ.杨…　Ⅲ.学前儿童—汉语—语言能力—研究　Ⅳ.H193.1

中国版本图书馆 CIP 数据核字(2020)第 129387 号

责任编辑：罗晓华　　　责任校对：汪欣怡　　　版式设计：韩闻锦

出版发行：武汉大学出版社　（430072　武昌　珞珈山）
　　　　　（电子邮箱：cbs22@whu.edu.cn　网址：www.wdp.com.cn）
印刷：武汉邮科印务有限公司
开本：720×1000　1/16　印张：12.25　字数：168 千字　插页：1
版次：2020 年 12 月第 1 版　　　2022 年 4 月第 2 次印刷
ISBN 978-7-307-21659-4　　　定价：39.00 元

版权所有，不得翻印；凡购我社的图书，如有质量问题，请与当地图书销售部门联系调换。

鸣 谢

本专著得到了以下单位的资助：

湖北省哲学社会科学发展规划办公室

三峡大学外国语学院

深圳市易庆德光电有限公司

前　言

儿童语言发展研究已成为众多研究者关注的研究领域。现有的研究主要是对儿童语言发展的各个要素进行横向分类研究，包括对语音、词汇、句法等发展进行独立描写。这种方法对儿童语言发展的微观过程描写得很充分，但对儿童语言的整体发展过程未能进行宏观层面的解释。

本书试图对儿童语言发展的过程进行宏观纵向描写，从认知的角度对儿童语言的发展过程进行定量和定性分析。在研究路径上，采用群案纵向研究的路径，将笔者收集的3个儿童语料、从31种公开出版的文献中收集的语料以及CHILDS中的汉语儿童语料整理成一个总语料库；按0.5岁为年龄段间隔，将1—5岁分为8个年龄段；用分层随机抽样的方法，对8个年龄段各抽取100条语料组成分析用语料库；并用本研究建立的一种语料分析方法——组块分析法对分析用语料库进行组块分析，得到了儿童语言发展的数据，并用组块总数作为变量进行单因素统计分析，用复句总数、语误总数、复合组块总数等儿童语言发展指标作为变量进行多因素统计分析，再结合定性分析，对儿童语言发展的阶段性进行研究，发现0—5岁汉语儿童语言发展过程可以大致上分为三个阶段：0—1岁为语言意识形成期，1—3岁为范畴关系确立期，3—5岁为事件域关系构建期。除了对汉语儿童语言发展过程进行阶段划分之外，本研究还以记忆产生的生物学证据为基础，对老年人"记远不记近"的现象、言语的生成过程等进行了解释。本书分为八章：

第一章　汉语儿童语言发展研究综述。从汉语儿童语言各要素发展研究、汉语儿童语言发展阶段研究两个方面对汉语儿童语言发展的研究现状进行综述，并简要介绍了本研究的缘由与意义。

第二章　理论基础与研究方法。介绍了本研究主要理论依据——象征单位理论和语料来源，并对语料库的构建方法和过程进行了说明。

第三章　组块分析法及组块分析结果。对本研究建立的一种语料分析方法——组块分析法进行了理论论证，详细说明了组块分析法的操作原则和方法，汇总了对8个年龄段抽样语料的组块分析结果。

第四章　儿童语言发展的阶段性量化特征。基于组块分析的结果，对儿童语言发展进行了多方面的统计分析与图表对比分析，结果表明：1—5岁汉语儿童语言发展呈现显著的阶段性特征。3岁是儿童语言发展的一个分水岭。3岁以前，各个年龄段之间的语言发展指标呈显著差异，儿童语言处于快速发展期；而3岁以后，各个年龄段之间的语言发展指标差异不显著，儿童语言处于稳定发展期。

在接下来的三章里，对汉语儿童语言发展的三个阶段进行了定性分析。

第五章　语言意识形成期。从婴儿语言的认知发展过程来看，0—12月龄的婴儿处于语言意识形成期。根据婴儿的语言心理状态和外显副语言行为特征，可以把这一阶段进一步划分为三个小的阶段：无语言意识期、语言意识萌芽期、语言意识确立期。此阶段儿童语言发展的一个重要任务是完成音物共现象征化联结机制的发展，从而完成初始范畴及意义在大脑中的表征过程。

第六章　范畴关系确立期。在1:0—3:0年龄段，儿童语言发展处于范畴关系确立期。在此阶段的初期，1:0—1:9年龄段，儿童习得的范畴呈现显著的离散性，处于独立范畴外显期；大致上从1:9时龄起，儿童开始建立范畴间的关系网络，进入范畴网络联结期。在本阶段末期，儿童形成句法构建能力。儿童的句法构建过程是客观事件中各个范畴的自然顺序在语言中的自然排序过程，是范畴象征化过程的自然延伸和扩展。在1—3岁期间，动作的语言功能逐步弱化，动作从主要的表意手段逐步弱化为与语言并驾齐驱的辅助性手段。

第七章　事件域关系构建期。从3岁起，儿童的语言逐步成为主要的表意手段，动作在语言学习和表达过程中都退居次要地位。随着动作的逐步内化，儿童的元语言学习能力也快速发展起来，使得儿童的汉语学习效率出现质的飞跃。同时，随着儿童认知能力的增强，认知跨度增大，从范畴域扩大到事件域。

第八章　余论。总结本研究的主要结论，对本研究提出的分析方法的优缺点进行了讨论，并指出了本研究的不足和有待进一步研究的方面。本研究的不足主要体现在两个方面：语音、语料收集不够全面，所引用的语料存在转录不够规范的问题；从公开文献中收集的语料大多缺乏足够的语境和被试的语言发展背景状况，对儿童语言的认知发展过程的揭示作用有一定的限制。有待进一步研究的方面包括儿童语误的科学界定、儿童对语言构成要素的离析能力的发展过程和确定方法。

目 录

第一章　汉语儿童语言发展研究综述 ······················· 1
第一节　汉语儿童语言各要素发展研究 ··············· 1
第二节　汉语儿童语言发展阶段研究 ················· 5
第三节　研究意义 ··································· 7

第二章　理论基础与研究方法 ······························· 10
第一节　研究的理论基础 ····························· 10
第二节　研究的主要内容与路径 ····················· 11
第三节　语料库的建立 ······························· 12

第三章　组块分析法及组块分析结果 ······················· 19
第一节　提出组块分析法的背景与基础 ··············· 19
第二节　组块的语言学与生物学证据 ················· 21
第三节　组块的概念与特性 ··························· 25
第四节　语言组块的种类 ····························· 29
第五节　语料分析结果 ······························· 45

第四章　儿童语言发展的阶段性量化特征 ··················· 47
第一节　组块的总体发展状况 ························· 47
第二节　儿童语言发展的阶段性特征统计分析 ········· 54
第三节　语言发展指标的发展趋势对比分析 ··········· 69
第四节　小结 ······································· 71

第五章 语言意识形成期 ……………………………………… 73
第一节 无语言意识期 ……………………………………… 74
第二节 语言意识萌芽期 …………………………………… 78
第三节 语言意识确立期 …………………………………… 86

第六章 范畴关系确立期 ……………………………………… 93
第一节 语音的发展特征 …………………………………… 94
第二节 范畴独立外显期 …………………………………… 99
第三节 范畴网络联结期 …………………………………… 106
第四节 儿童语言策略的发展 ……………………………… 120
第五节 动作的作用 ………………………………………… 126

第七章 事件域关系构建期 …………………………………… 129
第一节 语言发展总特征 …………………………………… 129
第二节 词汇的发展状况 …………………………………… 134
第三节 句法的发展 ………………………………………… 139
第四节 语用能力的发展 …………………………………… 144
第五节 语篇能力的发展 …………………………………… 147
第六节 语言发展的心理机制：动作的内化 ……………… 149

第八章 余论 …………………………………………………… 156
第一节 本研究的主要结论 ………………………………… 156
第二节 分析方法的优缺点 ………………………………… 158
第三节 不足之处及有待研究的问题 ……………………… 160

附录 语料来源文献目录 ……………………………………… 162

参考文献 ……………………………………………………… 165

第一章 汉语儿童语言发展研究综述

人类对儿童语言发展的兴趣早已有之。据周晓红(2008),最早可查的语言习得实验是由古埃及法老普萨美提克(Psammetichus)所做的。现代意义上的第一语言习得研究早在18世纪末就已经开始。到了20世纪50年代,研究者们开始进行系统的研究,尝试着揭示母语习得的本质。20世纪五六十年代,行为主义的代表人物斯金纳提出"语言强化说",乔姆斯基提出"天赋说",勒纳伯格(Lenneberg)则建立了语言习得关键期假说(The Critical Period Hypothesis)。心理学家皮亚杰(Piaget)提出了认知相互作用论,认为语言源于智力,认知结构是语言发展的基础,语言结构随认知结构的发展而发展,语言的发展受制于认知的发展。

第一节 汉语儿童语言各要素发展研究

众多学者对汉语儿童语言的发展进行了研究。汉语儿童语言研究的一些有影响力的著作包括:1986年朱曼殊《儿童语言发展研究》论文集,1991年李宇明《汉语儿童问句系统习得探微》,1995年李宇明《儿童语言的发展》(2004年再版),1999年周国光《汉语句法结构习得研究》,2004年孔令达《汉族儿童实词习得研究》等。除了专著之外,还有很多关于汉语儿童语言的论文。这些研究主要从以下几个方面对汉语儿童语言的发展进行了探讨。

一、汉语儿童语音发展研究

李宇明在《儿童语言的发展》一书中对汉语儿童的语音发展过程进行了总结，把语音发展阶段分为非自控音阶段（出生至20天，此时儿童的音节类型以单独的浊辅音为主，修改了以往以元音为主的观点）、咕咕声阶段（20天至5个月）、呀呀语阶段（6个月至1岁）。迟立忠（1997）对儿童语音习得的理论进行了简述，李嵬、祝华等（2000）对性别、幼儿园教育和英语学习对儿童语音习得的影响进行了考察。温宝莹（2008）对1—6岁普通话儿童汉语元音系统的发展进行了研究，对元音发展的顺序及元音的系统性发展进行了探讨，认为儿童元音的发展进程可以分为三个阶段：一岁至一岁半、一岁半至三岁、三岁以后。总体上看，研究者们承认儿童语音的习得具有阶段性和顺序性。

二、汉语儿童词汇习得研究

汉语儿童词汇习得研究是国内汉语儿童语言研究中比较多的一个方面。孔令达（2004）对汉语儿童词汇习得进行了最为全面的研究，对名词、代词、时间词、方位词、动词、副词、形容词、数量词等的习得过程作了全面考察。还有一些学者则对儿童语言习得过程中的词汇习得的某个或某些方面进行了研究，如陈萍、许政援（1993）对儿童最初获得的词汇进行了研究，刘召兴（2001）对汉语多义动词的义项习得过程进行了研究，王葆华（2000）对儿童习得语素的过程进行了研究，肖丹、杨小璐（2003）对一岁儿童的动词发展进行了研究，范莉（2005、2007）对儿童习得否定词的过程进行了研究。

三、汉语儿童句法结构发展研究

句法结构研究是当前国内研究较为深入的方面。比较全面的研究包括唐志东（1991）、周国光（1999）、李宇明（2004）等。周国光（1999）提出了儿童习得句法结构的手段，认为儿童习得语言的手段有模仿、结构模仿—实词替换、替换、扩展、联结、句法同化等。王永德(2001)从认知发展的角度研究了汉语儿童句法的发展,认为儿童汉语句法规则的习得是基于认知发展的。随着认知的发展,儿童从单词句阶段不使用句法规则发展到之后双词句阶段和电报句阶段使用简单的句法规则,最后发展到语法感形成阶段使用复杂的句法规则。以汉语为母语的儿童在理解策略上由语义上的事件可能性策略发展到之后句法上的词序策略。乐守红(2009)研究了2—3岁儿童语言中表修饰的句法成分的发展,认为儿童句法中修饰语的发展和儿童认知能力的发展有着极其密切的联系。

四、汉语儿童语义发展研究

关于语义习得,不论是国内还是国外,现有的研究仍然以理论假设为主。国内的研究仍然以阐释外国学者的理论为主。靳洪刚(1997)提出,在儿童习得语言的过程中,语义关系是儿童最早掌握的关系。欧阳俊林(1999)对儿童语义习得与认知发展研究进行了回顾和综述,认为儿童语义习得与认知发展密切相关,语义习得与概念发展同时进行。儿童的语义发展经历了从简单到复杂、从粗糙到精细的过程。梁如娥(2008)对儿童语义发展进行了描述,认为儿童语义发展总体上看是从部分的、个别的语义向掌握全面的语义特征发展。儿童最初只能掌握词的本义,不能理解词的转义,随着年龄的增长,儿童对词的理解逐渐由单义向多义发展。周国光(2000)指出,儿童对表示高、大、全、多的事物的词汇更容易掌握。这是因为大比小要容易感觉,高、重、强要比低、轻、弱的刺激强度大,重要性也比一次性的印象深刻。这是对幼儿词义习得顺序的一种理论假设。张钊(2012)通过实验,对汉语儿童习得名词和动词范畴的过程进行了研究,发现12—14个月的汉语幼儿就具备了初步的范畴化的能力,在14个月到18个月期间,范畴化的能力有了较大的发展。周兢等(2017)以3—6岁汉语儿童为研究对象,探讨了汉语儿童理解性词汇语义与表达性词汇语义习得发展的规律特点。

五、儿向语及其他研究

自 20 世纪 70 年代以来，支持儿童语言习得后天论的语言学家通过比较儿童监护人对小孩说的话和成人之间的对话来描述儿向语的语言特征，从而确定儿向语（Child-directed Speech，CDS，也有人用 Motherese、Baby Talk 等术语表示）是否存在以及儿向语对儿童母语习得的影响。Ferguson（1977）认为，在所有的语言中，成人与儿童交流时都会用一些特殊的方式进行，这些方式与成人之间的谈话存在着一些系统性的差别。研究发现，成人对儿童讲话时，一般使用简单句、简单而有限的词汇、简单的音位和结构、夸张的语调来频繁复述他们自己或孩子的话。（Finegan，2005：542；Fromkin，et al.，2007：315-316）此外，Carroll（2008：332）对儿向语在不同语言层次上的特点进行了分类研究。

在国内，李宇明是对汉语儿向语进行研究较早的学者，对汉语儿向语在语言不同层面上的语言形式特征进行了分析。李宇明（1987）通过实际观察发现，儿向语在语音上的特点不是表现在音位系统上，而是表现在语调和语速上。儿向语语调一般都高于成人用语，且高低轻重的起伏较大；停顿多，拖腔长，语速也较缓慢。在词汇层面上，儿语词可以细分为叠素词、摹声词和仿儿词三类以及情感、形象色彩较强的词语，比如孩子的昵称、拟声词、语气词和感叹词等。词汇特点是通俗易懂。在句法方面，通过对句长的统计，发现儿向语相对较短，且多用问句。这一研究结果与 Carroll 是类似的。除此之外，李宇明还对儿向语的性别差异和年龄差异进行了研究，发现儿向语中对男孩的谈话一般较为粗放，斥责、威胁的语句较多；而对女孩的谈话较温和，常用商量、开导的语气；随着儿童年龄的增长，儿向语会越来越接近成人语。在对儿向语的形式进行分析后，李宇明还对儿向语的作用做了简单的讨论，认为儿向语对儿童语言的发展来说，具有"导之以先路"的向导作用。李宇明关于儿向语的研究是较为全面的，但由于篇幅的关系，讨论略显粗浅。陈敏（2009）记录了一位说普通话的母亲与其儿子的逐月对话并与三组成人之间的对话作对比分析，认为在汉语语境中儿向语与成人之间的谈话存在较大的差异性，主要表现在词汇方面，但在句法方面并未呈现明显差别。总体上看，汉语儿向语的研究还有进一步深入的空间，尤其是历时性研究和不同时期儿向语与儿童语言发展之间的关系，还有待进一步研究。

随着我国对外交流的增多，儿童汉语、英语学习的对比研究也成为研究热点。徐芬(2002)考察了汉语儿童汉语与英语语音意识的发展特点，以及汉语与英语语音意识的相互关系。夏雪融(2011)研究了三个在美国生活、持汉英双语的四岁到四岁半儿童的语码转换现象，胡晓艳(2018)对比了儿童英语、汉语的学习态度及倾向性。

关于语言环境对儿童语言发展的影响也是学者们关注的方面。刘颖(2009)以儿童早期(两岁半以前)语言发展作为研究对象，探讨了儿童语言的理解与表达、儿童的语言输出与所接受的输入之间的关系，研究了后天语言环境对儿童习得语言的影响和作用。杨金焕(2016)提出了提高儿童会话能力的三种策略，认为应该发挥成人、同伴以及幼儿园在儿童会话能力发展中的不同作用。

第二节　汉语儿童语言发展阶段研究

目前，国内学者在汉语儿童语言发展阶段的划分上，主要有两种分类方法：(1)按照儿童语言的外显形式划分。(2)按照儿童语言结构能力划分。

一、按照儿童语言的外显形式划分

这类分类方法主要是借用国外一语研究的成果，从语言形式的角度对汉语儿童习得汉语的过程进行阶段划分。Halliday 关于儿童语言个体发生的发展阶段，即前原话语阶段、原话语阶段、过渡阶段、前成人话语阶段、成人话语阶段被广泛引用(谢翠平，2015)。在国内，这一方面比较系统的研究有周兢(1994)、许政援(1994、1996)、李宇明(2004)等。

周兢(1994)对0—18月龄儿童的语言发展阶段进行了研究,将儿童的前语言发展过程分为三个阶段:单音发声阶段(0—4个月)、音节发声阶段(4—10个月)、前词语发声阶段(10—18个月)。许政援(1994,1996)将汉语儿童语言的发展分为六个阶段:简单发音阶段、重复连续音节阶段、不同音节连续发音阶段、单词句阶段、简单句阶段、复合句发展阶段。但许政援对三岁以上的儿童语言的发展未进行进一步的研究。

李宇明(2004)将儿童语言的发展分系统进行了研究,分为语音系统发展、词汇—语义系统发展、语法系统发展以及语用的发展等几个方面。在语音系统发展方面,他将语音发展阶段进一步分为非自控音阶段、咕咕声阶段、呀呀语阶段。在语法系统发展方面,他将儿童语言发展的阶段分为独词句阶段、双词句阶段、电报句阶段与语法感形成阶段。

刘颖(2009)将儿童语言分为语前阶段(20个月前)和语后阶段(21—30个月),依据是从12个月至20个月,被试虽然能说出少量的词,但数量有限,每个月增加的新词平均不到2个,而从第21个月开始,被试的月新增词汇量迅速增加。

上述各种儿童语言发展阶段划分方法的依据是儿童语言形式的不同,但未触及儿童语言结构能力发展的实质(陈前瑞,2001)。

二、按照儿童语言结构能力划分

这种分类方法是周国光提出的。周国光(1997)根据自己对汉族学龄前儿童(1—6岁)习得语言过程的考察,对儿童汉语句法习得的过程进行了研究,从儿童语言结构能力发展的角度,把儿童语言发展的阶段分为词语法阶段、词组语法阶段和句语法阶段,并对儿童语言在每一发展阶段的语言形式表现和句法结构能力的发展状况及出现的初始时间进行了概括描述。周国光(1999)指出,语言构造的层次性决定了由词到词组再到句子是一个逐层组合的过程,这就意味着儿童习得语言的过程中也必然存在着词及其语法规则、词组及其语法规则、句子及其语法规则等体现不同的语法能力的阶段。他提出汉语儿童语言发展过程中的阶段的划分标准仍然是汉语的结构形式和儿童语言结构能力。这一理论在前人研究的基础上前进了一大步。但周国光的研究没有包含语音发展阶段。

第三节 研究意义

如前所述,李宇明、周国光、孔令达等学者在研究汉语儿童语言发展时,是从语音、词汇、句法等各个具体方面进行横向分类别研究。从认知的角度对儿童语言发展进行的研究还很少见。公开文献中只有周兢(1994:46)从认知的角度对儿童从出生到一岁半的时间内的语言行为进行了研究,将该阶段称为前语言阶段,在该阶段,儿童对语言的感知能力可分成三种水平层次:辨音—辨调—辨义。目前,国内还没有对不同阶段的汉语儿童语言认知水平进行描写的研究。此外,目前的相关研究以定性研究为主,定量研究缺乏。因此,从一个全新的角度采用定量研究方法对汉语儿童语言的认知发展过程进行研究,能得到更有说服力的研究结论,有其理论价值和实践价值,有进行深入研究的必要。

从社会和经济发展的角度来看,随着中国经济、文化和社会的发展,中国的综合国力快速增强,国际地位日益提高,与此相应,汉语作为承载博大精深的汉民族优秀文化的载体,国际影响力也越来越大,学习汉语的海外学生数量呈现快速增长的趋势。与海外汉语持续升温形成鲜明对照的是,国内汉语学习却存在一些令人忧心的现象。由于现阶段我国社会对英语的过分强调以及经济利益的驱使,早至幼儿园开始,国内学生对英语学习投入了很多的时间与精力。这种现象毫无疑问会导致母语教育弱化①的现象。在这一大背景下，研究如何改善汉语教学方法、提高我国学生的汉语水平，与此同时研究对外汉语教学的规律、提高对外汉语教学的效率与水平，已经成为现实的需要和紧迫的问题，也是当前我国汉语教学与研究界必须面临和解决的问题。从这一角度看，研究汉语儿童语言的认知发展过程具有很强的现实意义和重大的理论意义。

一、有助于更好地认识汉语的本质特性

从认知的角度研究汉语儿童语言的发展阶段，可以更好地解释语言发展的阶段性本质，可以深化对语言本质特性诸如语言的象似性的认识。自从索绪尔提出语言任意性之后，语言的任意性特性得到了广泛认同，而语言的象似性特征被有意无意地忽视了。斯捷潘诺夫（И. Н. Горелов 等，1981）认为，儿童语言具备人类语言的早期特征，相较于成人语言，在某些方面，能更真实地体现人类语言的本质特性。因此，认识汉语儿童语言发展过程，能更好地帮助我们了解汉语的产生和发展过程，认识汉语的本质特征，进而增加对人类语言普遍特征的了解。

二、为汉语教学以及对外汉语教学提供理论基础

从认知的角度来研究汉语的习得过程，可以为汉语教学以及对外汉语教学的教材设计、教学方法和测试方法的确定提供理论基础。其中，一个重要的作用是为汉语教学语法的建立提供理论基础。现有的汉语语法大多属于研究型语法，而按照汉语认知规律、直接针对汉语习得的教学语法体系还未真正得到重视。如果能对汉语的认知层次进行深入研究，就能为汉语教学语法体系的建立提供坚实的理论基础。在对外汉语

---

① 我国将明确人名汉语拼音拼写规则　姓在前名在后. http://news.sohu.com/20101018/n275856323.shtml.

教学方面，儿童语言发展过程中，理解能力的发展先于表达能力的发展，句法发展滞后于语用和语义表达等规律对对外汉语教学也有教学法上的启发和指导意义。此外，虽然汉语儿童语言习得与外国学生学习汉语的过程可能会存在一些差异，但两者之间的共性是肯定存在的。研究汉语儿童语言的认知发展过程，可以为对外汉语教学理论和实践的深化与拓展提供基础。

三、为儿童语言发展教育设计、医学评估体系提供理论基础

现有的儿童活动设计往往是根据心理学和教育学的理论进行的，语言学理论的参与还不够。把语言研究的结果融入儿童语言与认知教育设计①，将为幼儿教育提供新的理论基础。儿童语言发展研究还可以为医学界制定儿童语言发展评估体系提供科学依据。弄清汉语儿童的母语习得过程，有助于为普通儿童的语言教学提供指导的同时，为非正常儿童的语言发展障碍诊断和治疗提供参考依据。在自然语言处理研究日渐重要和普遍的今天，儿童语言的发展过程研究还对自然语言处理的理论与实践有积极的指导作用和意义。

---

① 楼必生．婴儿教育活动设计[M]．武汉：华中师范大学出版社，2000．

第二章 理论基础与研究方法

第一节 研究的理论基础

本研究主要以 Langacker 的认知语法理论为理论依据。认知语言学以描写语言的心理真实性为目标，对语言的描写既强调对认知过程的描写，又强调对心理表征即内部语法的描写。Langacker 建立的象征单位理论认为，语言中存在三种单位：语音单位、语义单位和象征单位。语音单位包括从音段、音节、词、词组到句子的长度不同的发声单位。语义单位是在主体大脑中已经建立的各种概念和范畴。语音单位与语义单位通过象征关联(symbolic association)构成象征单位。但关于象征关联的概念和过程，Langacker 并没有进行深入的说明。综合 Langacker 的表述来看，象征关联是将两个或多个原本相互离散的语音、语义单位结合成一个语义整体的过程。象征单位是人们在大脑中固化的形式与意义的结合体，是人们用最少的努力就能够从大脑中调动出来进行运用的单位。象征单位由语音单位和语义单位构成两极，英语中用【BOOK/[bʊk]】表示。其中，语义单位(所指)用大写的单词表示，语音单位(能指)用国际音标标示，"/"表示象征关联关系。由于汉语没有大小写，可以用汉字(词)表示语音对应的语义，即所指，用其拼音来表示其语音单位。例如，【书/shu】构成一个象征单位，其中，"shu"表示语音单位，"书"表示该语音单位的所指，"/"表示象征关联关系。象征单位为人类表达自己的思想感情提供了可能。如果主体所要表达的思想感情恰好与大脑中存在的语言单位一致,就不需要付出额外的努力;反之,主体就需要调动语言创造力,即运用现存的、简单的、具体的象征单位映射出复杂的抽象的语言结构。新的语言结构单位经过反复使用便在大脑中固化成新的象征单位。人类的语言就是这样进化和发展起来的。(Langanker, 2004a: 57-59; 导读 4-5)

语言单位之间存在三种基本关系:象征关系、范畴关系和集成关系。象征关系是语义单位和语音单位之间的对应关系;范畴关系是一个范畴中所有单位构成的图示网络状关系;集成关系就是由两个以上的语言单位集成为的更大结构。认知语法的这些大大小小的单位、各种各样的语法范畴、语法构式都是象征单位,它们之间的区别表现在复杂程度和抽象程度上。(Langanker, 2004a: 73-76; 导读 4-5)认知语言学认为,言语的产生过程就是象征单位集成为句法结构的过程,是语义内容的组构和符号化,词法结构与句法结构没有本质上的区别,在相关的即时关系上是平行的、平等的。(Langanker, 2004a: 82)

与传统语法从语义真值的角度研究语义不同,认知语言学对语义的描写不仅强调对客观真值条件的描写,而且强调对主观形式意象的描写。这是因为,语言是基于人们对外部世界的经验,语言的运用与人们感知周围的事物和情景密不可分。由于儿童语言与语境的密切联系,认知语言学在儿童语言分析中具有更大的应用空间。儿童语言的发展就是对各种语言单位从无到无限多的发展过程,对语言单位之间的关系从混沌茫然到运用自如的发展过程。因此,分析儿童语言中各种语言单位发展的相关标志,就可以发现儿童语言发展的规律性特征。

第二节　研究的主要内容与路径

周国光、李宇明、孔令达等学者主要是对儿童语言发展的各个具体方面进行横向分类研究,包括对语音、词汇(名词、形容词、动词、副词等)、句法等的发展进行独立描写,纵向的研究相对较少。这种方法对儿童语言发展的微观过程描写得很充分，但对儿童语言的整体发展过程未能进行宏观层面的解释。本研究试图对儿童语言发展的宏观过程进行描写，从认知的角度对儿童语言的发展进行阶段划分。陈英和（1996：3）认为，认知是指那些能使主体获得知识和解决问题的操作（过程）和能力，是人类个体内在心理活动的产物。由于技术和方法的限制，目前，我们还不能直接看到认知主体内在的认知过程，但我们可以通过观察、分析认知主体在认知活动过程中的各种外在表现来推断在其大脑内部进行的认知活动本身，其中语言就是一种最直接的外在认知表征标志。根据这一假设，我们可以通过观察和分析儿童语言发展过程中的各种标志性语言特征，来分析儿童语言的认知发展阶段，并对每个发展阶段的发展过程进行认知解读。

在研究路径上，现有的儿童语言研究大多以群案横向研究或者个案纵向研究为主。两种研究路径各有优缺点。个案研究针对性强、普遍性差；横向研究又割裂了儿童语言发展的连续性和顺序性。因此本研究采用群案纵向研究的研究路径，试图将两种研究路径结合起来，取长补短，以期取得比较令人信服的研究结果。在语料分析方法上，根据儿童语言发展不同阶段的不同特点，采用定性与定量相结合的方法。对语言外显前阶段进行定性分析，而在儿童语言外显后的阶段，采用定量分析与定性分析相结合的方法。

第三节　语料库的建立

一、语料来源

分析儿童语言需要大量的语料。为此，我们收集了大量语料，建立了一个儿童语言语料库。语料来源有 3 种：（1）笔者收集的语料。（2）现已公开发表的汉语儿童语言研究文献中的语料。（3）国际儿童口语语料库（CHILDES）中的汉语儿童语料库。

（一）笔者收集的语料

笔者收集的语料有 3 个个案历时语料：

1. 被试 XY[①] 从出生到 5.5 岁的语料。该语料较为详细地记载了 XY 从出生到 5.5 岁期间语言与认知的发展过程，是本研究语料的主轴线。

2. 被试 JX[②] 从出生到 1;8 时龄的语料。该语料对儿童语言产生初期的情况进行了较为详细的记录。

3. 根据录像整理的被试 SS[③] 0;2—0;7 月龄段的语料。该语料是儿童语言外显前阶段的主要语料。

（二）公开发表文献中的语料

这类语料以周国光（1997）、周国光、王葆华（2001）、孔令达（2004）、李宇明（2004）等学者著作中的相关语料为主，辅以其他公开出版的文献中的零星语料。共计从 31 种公开文献中采集了语料（语料来源文献目录见附录）。

（三）国际儿童口语语料库（CHILDES）

国际儿童口语语料库（CHILDES，Child Language Data Exchange System）是一个免费、公开的数据库。该语料库由美国麦克阿瑟基金会资助，于 1984 年开始筹建，经过多年建设，已成为世界上最大的儿童口语语料库。用户可直接从网上免费登录、使用或下载语料（http：//childes.psy.cmu.edu/CHAT.html）。该语料库按照一套严谨的赋码符号系统将视频和音频语料转换为文本语料，以便于研究者进行分析和研究（温志军、胡瑰玲，2001；王立非，刘斌，2003）。这一语料库是目前国际上权威的儿童口语语料库，具有较高的研究利用价值。本研究利用了其中的部分汉语语料。

采用多种语料结合的原因是多方面的。首先，儿童语言发展是一个复杂的现象。具体到个体，很多语言发展过程中的现象不一定在每个儿

---

① XY 的相关情况：性别：女；出生时间：2000 年 8 月 6 日。
② JX 的相关情况：性别：女；出生时间：2007 年 8 月 30 日。
③ SS 的相关情况：性别：男；出生时间：2006 年 11 月 16 日。

童个体身上都得到显现，因此需要综合多个儿童个体语言发展的情况才能反映汉语儿童语言发展过程的全貌。其次，语料的采集是一项耗时费力的浩大工程。一个小时的儿童语言现场录音或录像，依据研究者的目的往往需花十到十四个小时的时间来录写(温志军、胡瑰玲，2001:375)。

我国从事儿童语言研究的研究者往往喜欢亲自收集、单独使用数据，采用传统的亲本日记研究方式。这种研究方法的优点是可以采集到儿童在最自然的语境下的自发言语，从而保证语料的真实性和完整性，能够提供言语产生的语境，从而能够更好地分析儿童的语言水平和状态。国内学者大多采用这种方式，如李宇明(1984)、刘颖(2009)、谢翠萍(2013)等。谢翠萍(2013)采用个案纵向追踪研究的方法，通过对其女儿Y从出生到4周岁语言发展的自然观察来收集语料，通过观察日记、录音、录像等手段随时记录Y成长的新情况，将自然产生的儿童言语行为与环境因素联系起来，并将其作为与特定时间、地点、事物相联系的相对稳定而客观的人际行为型式进行观察和描写，试图系统描述与解释儿童语言发展过程的复杂性和动态性。

但国内学者收集的这些数据往往局限于个人使用，且在用完之后便弃之不用，造成了人力和物力的浪费。因此，充分利用现有的权威数据库以及公开出版的文献中的语料是一条经济、便捷、有效的研究途径。此外，儿童语言的发展是综合的、全方位的，受到多方面的影响，性别、家庭环境(儿向语输入、发育条件差异)、所处地域、城乡差别、儿童的生理条件差异等都会对儿童语言的发展产生影响。因此个人收集的语料虽然有其优势，但仍然不能完整地反映中国儿童宏观的语言发展过程。采用多种语料相结合的方法可以对此缺陷加以弥补，能更全面地反映汉语儿童语言发展的宏观状况。

二、语料整理

笔者从31种公开文献中进行了1—6岁的儿童语料收集工作，并对所收集的语料进行了规范整理。语料的规范整理包括以下几个方面：

1. 统一时龄表述格式。由于多种原因，不同的文献年龄表述方法存在差异，在表述年龄时年份和月份之间用冒号、句点、星号和逗号的都有。有少数文献还用(Y;M;D)或(Y;M;D)的格式将儿童的年龄精确到天。因此需要对收集的语料进行时龄表述格式上的统一。本研究采用年、月两级时间单位，在年份和月份之间统一使用冒号，如1:5表示被试儿童的时龄为1岁5个月。

2. 统一语料排版格式。不同的文献在记录语料时，采用的格式不一致，有的采用对话形式，而有的文献采用叙述的形式，未将取样人的语料单独排列。我们为了统一，在有取样人的语句中，全部采用对话的形式。在有场景描述时，单独用括号括起来进行描写，便于理解与分析。请看下面的例子。

原排版格式：

(1)(被试跟爸爸比吃饭)这回决定(意为"绝对")比过爸爸。(爸爸说：我再盛一碗。被试说)再盛一碗，我决定比过你。(3:5)

这是李向农(1991)①采用的排版格式。我们在整理语料时将语境和场景单独排一行，并用括号括起来。

整理后的格式：

(被试跟爸爸比吃饭)
被试：这回决定(意为"绝对")比过爸爸。
爸爸：我再盛一碗。
被试：再盛一碗，我决定比过你。(3:5)

这种格式有利于凸显儿童语言的认知单位——单句。

3. 标明被试与取样者。在整理语料时，对有些文献中作者没有指

---

① 本研究所选的例句均为儿童语言。以本例句为起点，不分章节连续编号。

出取样对象姓名的,我们全用"被试"代替;在原文献中与被试进行对话且未标明年龄的,我们视为成人并用"取样者"标示。

4. 将拼音转换为文字。少数文献中出现了用拼音标示的语气词。对此,我们进行了文字转换,转换的代码如下:a=啊;ai=唉;ao=嗷;ba=吧;bai(bei)=呗;di=嘀;ei=诶;en=嗯;er=哷;ga=嘎;hei=嘿;la=啦;ma=吗/嘛;na=呐;ne=呢;ya=呀;yo=哟;wang=汪。

对原语料进行上述整理的目的是统一格式,此外,也更利于分析。在此基础上,还对重复的语例进行了删除。周国光、李向农等学者的著作丰富,在不同的文献中可能使用了相同的语料。对这部分重复的语料我们进行了删除整理。

三、总语料库的建立

对上述 3 种语料进行整理,共计得到语料 8249 条,其中有 6 条在收集过程中未记录时龄或原文献中未标明时龄,作为无效语料处理。有效语料共计 8243 条。将收集到的语料按照表 2-1 中的格式转换至 Excel 表格中,按照时龄列进行升序排序,从而建成本研究的总语料库。

表 2-1 总语料库格式及语例

编号	姓名	场景	语料	时龄	语料来源
481	XY	晚上睡觉前	妈妈:XY,走,睡觉去。 XY:洗澡。(意思是"洗澡了再去睡觉")(洗澡时自言自语),洗手,洗脸,洗脚,洗头。	1;8	杨先明
3917	SYY		我姑父那瞧电视看电视呢。	2;6	王永坡,2007
6333	被试甲乙斗嘴		甲:那我下次买老大的。	4;0	陈勇,2006

注:①语料来源文献目录见附录。

②本研究中引用的部分用于定性分析的语料未列入总语料库。这些未列入总语料库的语料也未列入附录。

按照 0.5 岁间隔为年龄段，1—6 岁各个年龄段收集到的语料分布如下：

1:0—1:6　391 条

1:7—2:0　1235 条

2:1—2:6　2739 条

2:7—3:0　1221 条

3:1—3:6　1087 条

3:7—4:0　657 条

4:1—4:6　867 条

4:7—5:0　416 条

5:1—6:0　47 条

四、分析用语料的抽取及语料库的建立

为了在保证数据分析可靠性的同时又兼顾分析工作量适中的情况下分析语料，本研究采用对语料进行抽样分析的方法。由于语料来源于 31 种公开出版的文献及研究者本人收集的语料，来源广，且不同来源的语料数差异很大，为了保证分析语料的来源合理分布，本研究采用分层随机抽样的方法，按照语料库中语料来源的比例，抽取分析用语料。例如，2:1—2:6 年龄段共收集到语料 2739 条，原则上每 100 条语料应随机抽取 2.7 条。但由于该年龄段中从某些文献收集到的语料总数少于 100 条，为了保证语料的覆盖面，应尽可能保证所有语料来源中的语料都能被抽取到。为此，我们采取的取样方法如下：对某一年龄段同一语料来源的语料总数少于 50 条的，随机抽取 1 条；同一语料来源的语料总数在 50~100 条之间的，抽取 2 条；同一语料来源的语料总数超过 100 条的，按照 2.5%的比例抽取语料。由于 5:1—6:0 这一年龄段的语料仅收集到 47 条，语料数量过少，不具备对该年龄段儿童语言状况的表现力，因此在分析语料时，未对该年龄段的语料进行单独分析。

按照上述方法，从 1 岁至 5 岁，按照 0.5 岁的间隔共计 8 个年龄段

作为语料分析的年龄段。每个年龄段选取100条语例构成8个分析用语料库并用组块分析法(详见第三章)进行组块分析。在实际分析过程中,我们发现,有些语例很长,实际上包含多个认知事件。我们将这样的长的语料以认知事件为单位分解为多个语例。因此每个年龄段的实际分析语例数都超过100个。各个年龄段的实际分析语例数如表2-2所示:

表2-2　　　　　各个年龄段实际分析语例数一览表

年龄段	1—1.5	1.5—2	2—2.5	2.5—3	3—3.5	3.5—4	4—4.5	4.5—5
实际分析语例数(个)	102	121	113	109	128	113	102	107

第三章　组块分析法及组块分析结果

第一节　提出组块分析法的背景与基础

目前，研究者们在衡量语言结构的复杂性时，多采用平均句长（MLU）来衡量语言结构的难度以及语言使用者的语言水平，认为平均句长是反映句子复杂程度的重要标志①。（李宇明，2004：153；刘颖，2009：43）平均句长衡量法无疑是一种简明、快捷，容易测量和理解的方法。但其缺点也是显而易见的。表层的缺点是，到底是按照汉字来计算，还是按照词来计算，不同的学者采用不同的方法，没有统一的标准。深层次的缺点是，这种方法衡量的是语言的静态状况，并且反映的是语言的线性特性，未能反映出其内在的层次性、词之间的关系疏密差异以及语言的模块性特征。语言在使用中总是动态的，汉语使用者在思考和说话时，并不是以汉字或词为单位的，而是以汉语中的各种范畴为单位的。

陆丙甫（1986：109）②提出了语言理解中的同步组块的概念并用同步组块数量来衡量语言结构的复杂度，这是一种更符合语言动态特性以及模块性的衡量方法。但陆丙甫提出的方法过于烦琐，他提出的平均

---

① 刘颖. 汉语儿童早期语言发展个案研究[D]. 山东大学，2009.
② 陆丙甫. 语句理解的同步组块过程及其数量描述[J]. 中国语文，1986(2).

SJC(瞬时结构长度)也缺乏统计学、心理学实验依据,本质上仍然是一种线性分析方法。

在语料库研究中,学者们通过分析形符类符比(type/token ratio, TTR)来判断作者的词汇多样性,在儿童语言发展研究中,类符/形符比也被用来研究儿童语言的发展水平。形符是指语料库中出现的所有词,而类符指语料库中所有不同的词,排除重复,忽略大小写和屈折变化(含单复数、时态、语态)。类符/形符比越高,说明词汇使用越丰富;相反,类符/形符比越低,就说明作者/说话人的词汇使用多样性较低。但 TTR 值只能反映词汇多样性一个指标,其反映的信息比较少。

组块理论(Chunk Theory)是美国学者 Miller 于 20 世纪 50 年代提出的。他认为,人类短时记忆的容量为 7±2 个单位。该理论最初应用在心理学中。组块是指短时记忆中的信息单位,是指由若干个意义较小的单位(称其为"块")组合而成的意义较大的信息加工的记忆单位。组块是人类知觉的基本单位,不是某一个特定的单位,需要根据知觉者的经验而定。(李伯约、赛丹,2007:81)[①]此后,组块理论通常用于研究人的短时记忆问题。根据这一理论,陆丙甫、蔡振光[②](2009:3)提出,"7±2"个组块代表了处理语言时大脑中能够容纳的离散性组块数量的最大限度。组块计算法为语言单位结构难度的计量提供了一种新的思路和方法。

组块理论在自然语言处理中已经得到广泛的应用。经不完全统计,近年来关于汉语组块计算的博士论文就有 2 篇,作者分别是李素建(2002)、孙广路(2008)。在语言学界,组块理论尚未引起足够的重视,陆丙甫(2009:14)认为,"语言学界对于把短时记忆和注意力的限度用

---

① 李伯约,塞丹.自然语言理解的心理学原理[M].上海:学林出版社,2007.
② 陆丙甫,蔡振光."组块"与语言结构难度[J].世界汉语教学,2009(1).

于语言研究做得很不够"。组块理论虽然最初是用于心理学记忆研究中，但是我们认为，组块理论同样对语言的生成过程中的现象具有很强的解释力。因此，我们将这一理论引入对汉语儿童语言发展过程的分析中来。

本研究在改良陆丙甫提出的板块分析方法的基础上，结合 Miller、王寅等学者的研究成果，提出了语言生成过程中的组块分析法。这是一种新的衡量语言复杂度的方法。

第二节　组块的语言学与生物学证据

一、组块的语言学证据

从语言学的角度看，众多研究表明，人类语言具有很强的模块性。美国心理学家 Carroll 认为，模块性是当代认知心理学的重要概念。（Carroll，2008：58）乔姆斯基第一个提出了大脑语言处理过程中具有模块性的观点。模块性理论认为，语言是由一系列区别显著的模块组成的。从认知的过程来看，人类对自然现象和事物的范畴化要经历很复杂的心理操作过程。（Ungerer F.，Schmid H. J.，2001：6）首先是认知对象的确定。范畴化的起点是知觉感知。知觉系统所感知的刺激中，只有一小部分被我们的认知系统选择、处理，从而引起我们的注意。然后，认知主体通过把所选择的刺激和储存于记忆中的相关知识进行对比，来对所感知的对象进行鉴别和分类。（如果是新的刺激，就要新建相应的认知结构并储存。）如果需要或者可能，主体会通过自己的经验来对感知到的、鉴别和分类后的事物进行命名，从而完成范畴化过程。

与此类似，国内学者辜正坤认为，从广义上来看，现实世界中一切作用于主体的大脑和感官的视象、音象、味象、触象、意象等都会在主体的感知神经系统中留下痕迹，都会在主体的意识和无意识中以某种方

式储存起来。这些储存起来的痕迹或信息其实都是符号性语言。(辜正坤,2004:5)

我们认为,思维和语言具有模块性,这是由人类认知客观世界的方式决定的。认知客体的表象整体性决定了人类认知过程和方式的模块性。人类在认识客观世界时,首先感知到的是事物的表象,在认知系统的作用下,整体的表象被转化为整体性的意象。因此,人类以整体性的意象为认知单位来认知客观世界,这是很自然的。从认知的路径来看,感知是人类认知的起点,感知的重要途径如视觉、触觉、味觉、嗅觉等都具有完形的特点,这也导致人类认知的结果具有模块性。认知过程中的模块性必然导致认知结果的模块化。我们由此可以推论,模块化的认知结果在语言上的表征就是语言组块。

二、组块的生物学证据——记忆的产生机制

通过实验,神经语言学家们验证了概念在神经学上的形成机制。莱考夫通过实验研究结果认为,运动前区(premotor area)以及颅顶部区域(parietal area)不但控制行动,还可以建立起行动的概念。也就是说,概念与该概念的具体体现处于大脑的统一结构中,概念的推理结构、形式与大脑的网络结构相一致,与神经元的排列顺序相一致。(Lakoff,2007:xvii-xviii;126)在莱考夫看来,只有当主体对某个概念能够在大脑中进行想象、模拟甚至实际做出该动作时,该概念对主体才是有意义的。(主体的)行动与体验观察一起构成了概念意义的基础。莱考夫的观点从另一个方面验证了人类的认知结果是以某种物质的方式实际存在于人类大脑中的。也就是说,只有当主体能在大脑中使拟表达的意义形象化时,主体才能准确地表达。这解释了人们在说或过程中的思考现象,人们在思考时实际上就是用虚拟的方式在大脑中仿拟、再现意义的意象。这些研究表明,概念在大脑中是以立体的模块形式存在的。

此外,科学家们对记忆的研究可以为组块理论提供可靠的生物学证

据。据报道①，加州大学洛杉矶分校的科学家调查了名为"加州海兔"的海蛞蝓神经细胞的记忆形成过程。科学家用电子显微镜观察到记忆形成前后神经细胞的变化（见图3-1），发现在形成长期记忆后，神经末梢发生了形状上的变化，在某些地方通过形成新的蛋白质，形成了凸起而变粗，形成节点。右图箭头所指处显示，当长期记忆形成后，蛋白质在神经键处形成，从而产生凸起。

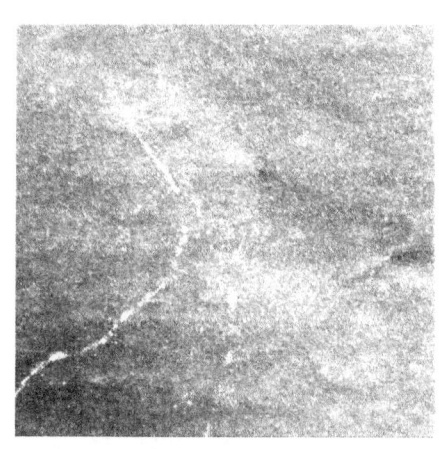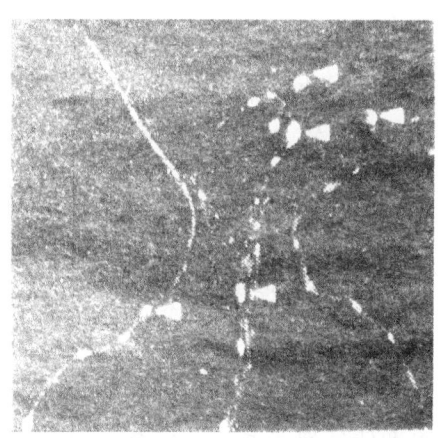

图3-1 "加州海兔"的神经在记忆形成前（左）和形成后（右）的影像对比
（引自《参考消息》2009年6月29日第7版）

这一研究结果为语言学的一些基础理论和概念提供了生物学的依据，比如对概念、认知结构、图示等的解释。在这样的实验结果产生之前，这些只是抽象性的、想象性的概念和术语。根据这样的研究结果，我们可以对语言中揭示了这些理论和概念的生理基础和形成机制进行更可信的推论：在人类的认知过程中，多次出现的某一类客体或事件对神经系统进行反复的刺激。由于这些刺激具有相同或类似的构成要素，因而在神经系统的同一部位形成了生理上的改变，即凸起。这种生理上的改变在特定的刺激条件下被激活而被人类思维过程调用。神经系统生理

---

① 科学家首次捕获记忆形成图像. 参考消息, 2009-06-29(7).

上的稳定性确保了语言形式的稳定性,这种稳定性的结果就是人类语言概念、结构的固定化。这种固定化使得人类语言的产生和理解过程变得更为简单了,大大提高了人类处理语言、进行思维的速度。这是范畴化的功效之一。

这一研究结果还为解释老年人身上普遍存在的"记远不记近"现象提供了新的思路。相当一部分老年人能想起很久以前发生的事情,但对近期甚至眼前发生的事情记不住。这种现象就是人们熟知的"记远不记近"现象。笔者有一位同事的母亲在86岁以后,"记远不记近"现象尤其明显。她常常会不记得中午吃饭了没有,但对年轻时的很多事情记得很清楚。笔者的父母在85岁左右时也有这种现象,刚刚吃过饭,马上又要吃,说还没有吃饭。以前,人们很难理解这种现象,那么远的事情都记得,为什么刚刚发生的事情反倒不记得了?这一研究结果为"记远不记近"现象提供了生物学的解释基础。"记远"现象,即老年人能够记得遥远的事情的机制如下:年轻时大脑神经系统具有产生记忆的能力(即能够产生记忆凸起),记忆产生后形成的凸起因为是生理性的,所以即使是到了老年,也会一直存在(可能会有所弱化),在特定的适当条件下,这些记忆凸起就能被激活(就像计算机中的已有程序可以通过特定的方式被调用一样),因此老年人能记得很久以前的事情。"不记近"现象,即老年人记不住近期发生的事情的机制如下:老年人的神经系统已经老化,不能形成新的记忆性凸起了,因而不能形成记忆,从而导致老年人记不住最近发生的事情,即使是刚发生的事情。

这一研究结果还为言语生成提供了极有说服力的生物机制:深层结构来源于人类即时认知的结果或者人类以往的经验、知识,属于一种物质形式,是由某些掌管思维的神经细胞在人类准备表达时形成的某种物质(脑电波),产生深层结构的过程是编码过程。表层结构是另一种物质形式,是由掌管听觉和控制发声器官的神经细胞将深层结构根据掌管句法的神经细胞提供的句法原则解码而形成的。言语产生的生物过程是:在神经系统收到思维的指令后,将某些神经细胞中的特定物质转换成其他形式的物质，比如电流或者酶。这些物质刺激另外一些神经细胞，形成我们需要的音义形式。这就是人类把需要表达的思想转换成言语的生理过程的假设。

第三节　组块的概念与特性

一、概念

那么，组块到底是什么呢？首先，我们看一看陆丙甫提出的组块概念。根据陆丙甫(1985)①提出的流程切分法中的板块划分法，下面两句话的句长差别很大，但从语言理解的角度看，组块数是一样的：

他 经常 看 电影。
他们两个 每天晚上 看 一部新出的电影。（引自陆丙甫，1985：37）

陆丙甫在该文中并未对板块进行界定。不过，从他运用的例句可以看出，陆丙甫提出的组块（板块）与句法成分的概念有些类似。他提出的概念对分析语言的理解和记忆过程是有效的。从语言发展的角度看，第二个句子对说话人的语言水平显然提出了更高的要求。但用他的板块划分法，板块数是一样的。显然，他的组块概念不适合用于儿童语言发展的分析。但他提出的概念有很强的启示意义，那就是儿童语言在思维过程中具有模块性。但在分析儿童语言的发展时，需要进一步对这些模块的复杂程度进行分析和计量，因此，应对这些模块进行语言组块的进一步的离析。

那么，如何确定言语生成过程中的语言组块呢？为了明确语言组块的概念，必须从人类的认知活动过程入手，分析人类的认知活动过程中

---

① 陆丙甫. 流程切分和板块组合[J]. 语文研究，1985(1).

涉及的各种语言范畴或者要素。关于人类的认知活动中涉及的要素,王寅用事件域模型(见图 3-2)进行描述。王寅(2005:18)认为人们是以"事件域"为单位来体验和认识世界的,并将认知结果作为知识块储存于大脑之中。在生理上,这些知识块表现为神经系统上的凸起。人们在对许多具体事件体验和认识的基础上逐步概括出事件的抽象概念结构,这些概念结构外显为语言中的各种句法结构。一个基本事件域 EVENT(简称 E)包括两大核心要素:行为(Action)和事体(Being)。

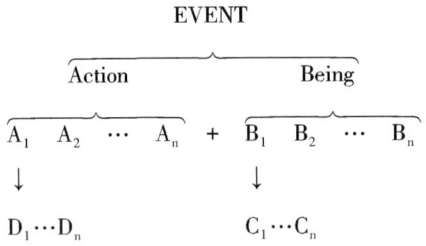

图 3-2 事件域认知模型 ECM(引自王寅,2005:18)

参照该模型,对认知活动中的各种必需参数进行分析,即可得到言语片段中的离散性组块类型。主体感知到的事件中的客体行为由很多具体的子行为或子动作构成,在模型中用 A 表示;事体是由一个或多个个体构成的,在模型中用 B 表示。事体可包括人、事物、工具等实体,也可包括通过想象或臆想而形成的抽象或虚拟的概念。(在王寅的模型中,事体实际上是指动作所涉及的现实的或想象的事物,也就是动作的参与者。)事体带有的多种属性特征在模型中用 C(Connotor)表示,而动作带有的区分性特征用 D(Denotor)表示。动作会涉及动作的发出者和接受者。主体根据自己的体验和认知,在事件域中的动作和事体之间建立起固定的联系模式。BA(B)(事体+动作+事体)构成一个事件域 E 的核心要素。括号中的 B 表示某个动作可以没有所及对象。王寅认为,在这种认知经验的基础上,语言就可形成各种基本句法构造,如 SVO、SVoO、SV 等。据此,我们可以得到语言组块的概念:表达认知事件中的某种参数的范畴,以及为了描述更为精确而对这些范畴进行各种限定、修饰的补充性范畴。从句法表达结果来看,语言组块是固定的或临时性的句法子集。

从上述分析还可以看出,如果用通俗的语言来讲,本研究的范畴是指人类(儿童)感知到的客观世界中的事物及其特性的一个类型。同理,范畴化就是人类(儿童)对感知到的事物及其特性的分类过程。

通过上述分析,我们知道,人类感知世界的结果是由各种参数如行为主体、行为方式、位置、方向、程度等组成的,这些有关客体的参数通过言语生成过程外显为语言中的各种范畴,也就是语言组块。国内学者杨治良等认为,组块是指人们在过去经验中已变为相当熟悉的刺激独立体(如字母、单词、成语、事件等)。(杨治良,1999:43-47)综上所述,我们认为,语言组块是指主体在感知客观世界时,为了记忆和表达的方便,用以描述、反映客观世界的模块化的范畴单位,如事物的特性、事件发生的时间、地点、方式(速度、方向),甚至人的主观感受如好、坏等。语言组块反映在句法结构上就是各个层面的句法成分。

二、特性

已经有一些国内外的学者从不同角度对组块的特性进行了研究。吴汉民[①](1991:42)认为,思维活动过程是由各个思维要素(组块)之间的联结所构成的思维链。思维要素——组块是由较小元素组成的,能作为一个独立单位整体调用的集合。通过分析,我们可以发现,吴汉民所说的思维要素与我们所说的语言组块实质上是同一个概念。吴汉民(1991)认为(语言)组块有三个突出的性质:整体性、多元性、独特性。整体性是指由于组块内各元素结合紧密,组块在使用中总是作为一个元

---

① 吴汉民. 内部思维机制的组块论模型[J]. 现代哲学,1991(3).

素集合的整体出现。多元性是指组块构成的多元素性，即组块往往是由若干元素组成的集合体。独特性是指组块同思维主体的具体情况密切相关，即使对同一事物，由于不同主体的不同感受经验，形成的组块也会存在差异。其他一些学者提出，组块具有可扩容性和差异性。可扩容性指短时记忆信息可以通过加大每一组块容量而得到扩展和提高。差异性指组块内部组织水平不同或对应信息再编码方式不同，则相应的组块所包含的信息量也不同。（杨治良，1999：43-47；洪显利、张荣华、冉瑞兵，2003：40-41）在这些特性中，最重要的特性是组块的可扩容性。Miller认为，通过组块过程（chunking），增加每个组块的信息含量，可以在一定程度上克服"7±2"的记忆容量限制。（牛书杰、吕建斌，2005：97）在儿童语言的发展过程中，儿童就是通过不断形成新的组块并扩大各个组块的信息量而提高语言能力的。

陆丙甫（1986：107）认为，理解语句的过程极大地依赖于短时记忆。听话人为了使短时记忆中的组块数少于人脑短时记忆能力的限度7±2，减少认知负担，会边听边进行组块过程（chunking），这样就可以减少需要记住的项目数。这一过程就是同步组合。我们认为，言语生成和言语理解是密切联系的两个过程。而言语生成过程中的编码过程和言语理解中的解码过程是有着相同机制的两个反向的过程。

根据组块的可扩容性，在组块理论下的儿童语言的发展过程，就是不断形成新的语言组块、组块扩容以及在组块间形成固定链接的过程。从组块的可扩容性特性还可以推断，某个人掌握的语言组块越多，运用语言组块的能力越强，其语言水平也就越高。从说话人的角度来说，考察其话语中所包含的组块数和类型，就能较为准确地判断他的语言能力和水平。这也使得运用语言组块来划分儿童语言发展阶段成为可能。因此，分析话语中包含的组块数量及类型就是衡量语言使用者语言水平的一种有效方法。语言组块理论对于帮助我们认识儿童语言发展过程中的认知水平可以发挥重要作用。

第四节 语言组块的种类

一、事件的语言模型

为了有效地进行组块分析,必须对组块进行分类。分类的依据是主体在认知事件的过程中形成的范畴的特性。在王寅的模型中,为了简约性而省略了事件发生的空间和时间等参数。在本研究中,为了对儿童语言的发展进行细致的描述,必须将儿童语言中的时间、地点、方式、程度等参数表示出来,因此,需要对事件的构成要素进行更为细致的分析。为了更直观地描述事件中的必需参数,对王寅的 ECM 认知模型中的要素进行了补全,得到如图 3-3 所示的修正模型:

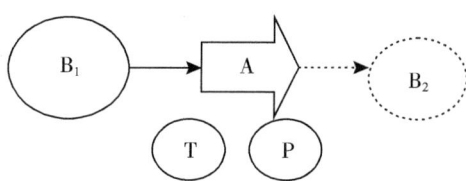

图 3-3 经过要素补全的事件 E 完整模型

这一模型关注的是认知主体感知事件时大脑中的语言心理结构。该模型更充分地描述了事件 E 中,事体 B_1(施事)、事体 B_2(受事)以及动作 A 之间的关系,也更适合于理解外显句法结构的心理表征过程。在模型中,虚线部分表示可选项。这个模型的意义是:在时间 T 和处所 P,施事 B_1 执行动作 A。动作 A 上的虚线箭头表示如果该动作对其他事体 B_2 有影响,则动作 A 作用于受事 B_2。根据这一模型,我们可以得出语言中描述认知事件的必需组块类型:事体组块 B_1,动作组块 A,时间组块 T,处所组块 P。

在自然语言中,人们为了将事件描述得更为细致、准确,会对事体组块 B、动作组块 A 进行附加说明，赋予事体与动作在本质属性和特征之外的临时性属性和特征。为了统计这一部分的语言复杂性，我们将主体给事体组块 B 赋予的临时性属性标记为 c(以便与其隐含的内在本质属性 C[①] 相区别)，将主体赋予动作组块 A 的临时性特征标记为 d(以便与其隐含的内在本质属性 D 相区别)。此外，时间组块和处所组块经常由语境设定而不出现在具体语句中，因此，时间组块和地点组块在组块模型中也成为可选项。由此，我们可以得出汉语一个理想事件的组块表达模型(见图 3-4)：

$$(T)+(P)+c_{0...n}B_1+d_{0...n}A(+c_{0...n}B_2)$$

图 3-4　一个理想认知事件的组块表达模型

括号中的组块表示可选项，表示该组块在真实语言中可能出现，也可能不出现。B_2 出现时在句法结构中表现为受事，整个句子表现为 SVO 结构。B_2 不出现时，整个句子表现为 SV 结构。下标 $0...n$ 表示该组块的数量可能是 0 个，也可能是多个。

这一模型的优点是，一方面，由于对语言单位进行了分类，能够保证数据的同质性和一致性，便于进行数理统计分析；另一方面，这一模型更有利于进一步对语言单位进行分类。不同语言单位的难易度不一样，因而可以通过统计不同类型组块的数量和比例来更好地表征语言的层次结构和复杂度。儿童能够运用的语言单位难度越大、抽象度越高，则可以认定其语言发展水平越高。

二、语言组块的具体种类

根据图 3-4，我们可以得到语言组块的具体种类。

1. T：时间组块。表示该认知事件发生的时间。例如：

[①]　C 和 D 在图 3-2 中有清楚的表述。

(2)昨天晚上我把车子搞倒了。(2:0)(陈勇,2006)

在本例中,"昨天晚上"是时间组块。由于其表达了两个时间范畴,应进一步分析为两个时间组块。

2. P:处所组块。表示该认知事件发生的地点。例如:

(3)(被试不愿到房间,说)
　　不到房间。(1:6)(陈勇,2006)

在本例中,"房间"表处所,是处所组块。处所组块往往同表示处所的介词连用。例如:

(4)放在下面。(1:11)(高晓玲,2003)

"下面"为处所组块。"在"是用来明确、限定处所的,属于其他类型的组块(见9. G:语法组块)。

3. c:事体修饰组块。表示对事体组块的限定、修饰,使得事体组块的特征得到更详细的表征。0…n 表示该施事带有 0~n 个修饰组块。例如:

(5)(被试见老师发鸡蛋,说)
　　大蛋给我吃。(2:0)(周国光,1998)

本例中,"大"是对事体组块"蛋"的限定、修饰,应分析为事体修饰组块。

4. B_1:施事性事体组块。表示该认知事件中的施事。

5. B_2:受事性事体组块。表示该认知事件中的受事。例如:

(6)(被试见一小朋友抠窗户,对取样人说)
　　他抠窗户呢。(2;0)(孔令达等,2004)

在本例中"他"是施事性事体组块 B_1,"窗户"是受事性事体组块 B_2。

6. A:动状组块。表示该认知事件中发生的动作或认知对象显现出来的静态性状。例如:

(7)(被试指着附近两座建筑物说)
　　这个高。这个不高。(2;0)(孔令达等,2004)

在本例中,"高"反映了认知对象的静态性状,与例(6)中的"抠"表达认知对象的动态性状一样,属于动状组块。

7. d:动状修饰组块。表示对动状组块的限定、修饰等补充性描述。0...n 表示动作或性状带有 0~n 个修饰语。例如:

(8)(想骑别人的车子)
　　XY:ZGG,我骑一下你的车子好不好?(2;9)①

在本例中,"一下"用来限定动作"骑",为动状修饰组块。因为"一下"反映了两种范畴:数范畴和动量范畴,所以分析为 2 个 d。在实际分析中,我们认为那些不直接表示动作的动词都已经虚化而分析为 d。例如:

(9)(被试搬凳子说)

---

① 本研究所用的语例凡未注明出处的,均出自作者自己收集的语料。下同。

拿到姨奶奶房间。(1:7)(孔令达等,2004)

其中"到"不表示直接的动作范畴,分析为 d。类似地,对于表能愿的动词如"要""想"等也分析为 d。

以上组块类型是主体在认知客体时能实际感知到的客观性范畴,因此可以称之为客观组块。

通过进一步分析儿童的实际语言,我们发现,通过长期的语言实践,在理想的句法模型中出现的组块之外,人类还创造了一些组块来表达更为抽象的范畴。这类组块不是主体观察世界的结果,而是来源于认知主体的内部心理世界,具有强烈的主观性,因此可以称之为主观组块。这类主观组块包括以下两种组块:情态组块、语法组块。

8. M:情态组块。情态组块用以表示人类特有的主观范畴,用以反映语言使用者的情感特征,如感叹、疑问、否定、强调以及语用义等客观世界中并不实际存在的主观性范畴。情态组块不具备句法连接的作用,因此起句法连接作用的假设范畴"如果"(书面语)、"要(是)……(的话)"(口语)等虽然也是一种主观性范畴,但由于不表达情感,因此不属于情态组块。例如:

(10) 我 要 这个。　这个 可 苦 哇?
　　 B_1 A B_2 　　B_1 d A M

例(10)下方的字母表示组块分析结果(下同)。我们认为,在有些没有出现语气词但出现了疑问词的语句中,应在事体组块之外,增加一个情态组块。例如:

(11)(被试指着碗里的咸菜说)
　　这是什么东西?(1:5)(孔令达等,2004)

在本例中,"什么"除了修饰限定的语义范畴外,还表达出疑问的语义范畴,因此,我们在分析时除了分析其基本范畴组块 c 之外,还增加一个情态组块 M。例如:

(12) 我跟××两个一块儿听话。(4:0)(陈勇,2006)
(13) 我以后永远永远也不理你了。(4:0)(孔令达等,2004)

在以上两例中,画线部分的"两个""永远"通过重复已经表达出来的范畴而表达出一种额外的语义范畴:强调。在实际分析中,分析为情态组块 M。而到一定的年龄,儿童开始具备理解和表达语用义的能力,在表达句法结构的本义之外,还能表达出额外的语义范畴。例如:

(14) 出去有什么好玩的?(意为"外面不好玩")(4:5)(孔令达等,2004)
(15) 被试甲:老地爷。
　　被试乙(纠正说):老天爷!还老地爷呢!(4:5)(孔令达等,2004)

在这两例中,儿童语言在表达句法结构的本义之外,还表达出额外的反义、嘲讽等语义范畴,因此,在进行组块分析时,应在字面组块之外,分别增加一个情态组块 M。这种在语言线性的表层结构之外,根据语言的深层结构增加组块的方式能更准确地反映儿童的语言水平。

9. G:语法组块。语法组块是表达说话人设定的各种范畴、事件之间关系的组块,能起到独特的句法作用,可以起到句法连接作用或改变自然句法结构(语序)的作用。语法组块的最大特点是范畴所指的虚无性。由于该类组块表达的范畴属于说话人人为设定的范畴、事件之间的关系,因此具有强烈的不可感知性。语法组块的运用表明,儿童具备了一定的句法抽象能力是语言发展的重要标志之一。语法组块可以分为几类：

(1)连接性语法组块。

这类组块起句法连接的作用，可以表达出两个或多个事体、动作或者事件之间的转折、递进、条件、因果、先后、比较等关系。又可以分为事体性连接组块，如"和""跟"，以及事件性连接组块，如"一……（就）""因为……（所以）"。对于这类非连续①组块，可用 G(…G) 表示。其中(…G)用来表示非连续组块中的后面一部分，括号表示该部分组块在实际话语中可能不出现而成为可选项。例如：

(16) 取样者：你的脸怎么这么香呢？
被试：因为我的脸搽的香，所以我的脸这么香。(3:6)（胡承佼，2004）

在本例中，"因为……所以"将两个认知事件连接起来形成一个认知事件，起到句法连接作用，分析为一个语法组块。又如：

(17)（被试指着传呼机的两个按钮）
这个跟这个一模一样。(2:0)（陈勇，2006）

在本例中，"跟"连接两个事体，分析为语法组块。

(2)语义性语法组块。

语义性语法组块起到改变语序的作用。典型的语义性语法组块包括"把""将""比"，以及虚义的"给"等组块，它们可以将普通的句法结构（词序）进行改变，从而达到改变句法结构的作用。语义性语法组块具有强烈的句法强制性和任意性。例如：

---

① 陆丙甫称"道一个歉"中的"道……歉"为非连续成分。这里借用"非连续"这一术语。参见：陆丙甫. 语句理解的同步组块过程及其数量描述[J]. 中国语文，1986(2).

(18) SYY：我们老师比我都矮。(2:3)(符晶，2008)

在本例中，这个认知事件实际上由两个认知事件构成：我们老师矮；我高。"比"将两个认知事件通过句法结构的改变连接成一个认知事件，应该分析为语法组块 G。

(3) 限定性语法组块。

限定性语法组块表示对事体的范围、事件方位、动作方向的限定。例如：

(19) 黑猫警长沿着一只耳的脚印继续追击。(5:0)(陈勇，2006)
(20) 他们倒是从东海龙王讲到玉皇大帝。(5:0)(陈勇，2006)
(21) 小宝塔我也看到的，在菊展上看到的。(5:0)(陈勇，2006)

上述例子中的"沿""从""在"等分别对各个认知事件中事体的范围、事件方位、动作方向进行限定，即属于此类语法组块。

(4) 结构性语法组块

结构性语法组块具有转换范畴的功能。结构性语法组块主要是"的"，能将动状性范畴转化为事体性范畴[①]。例如：

(22)(被试甲乙比本领。甲说)我是开大炮的。(4:5)(周国光，1998)
(23) 甜的葡萄我喜欢吃，酸的不吃。(4:5)(孔令达等，2004)

在上述两个例子中，通过结构性语法组块"的"将分别表示性状和动作的两个动状性范畴转化为表示认知对象的事体性范畴。结构性语法

[①] 朱德熙先生从语法分析的角度将这种现象称为"谓词的体词化"。参见：朱德熙．语法讲义[M]．北京：商务印书馆，1982：77．

组块除了能转变范畴的类型之外,还能将事件通过具体化①转化为事体。例如:

(24)橡皮泥是用土做的。(4:0)(陈勇,2006)
(25)我们葫芦兄弟会来收拾你的。(4:5)(孔令达等,2004)
(26)(被试指着公园的门说)去看猴子的买票。(4:0)(周国光,1998)

在上述各例中,"的"起到将事件转化为事体的作用,应分析为语法组块。

10. $CB_{1(2)}$:复合事体组块。在上述各种主观和客观组块之外,我们发现,在自然语言中,还存在一些由分句担任句法成分的现象。例如:

(27)(被试讲故事)从前,有一个大公鸡和一个小孔雀在树林里头玩,他们看见一个狐狸在呼达呼达睡觉,他们悄悄地走到狐狸旁边去……(3:5)(周国光,1998)

---

① 英语中常有这样的结构:The fact that a conference is taking place is encouraging. 这句话含有外壳—内容构式,语言形式是一个抽象名词和从句(不定式)的结合,从句或名词直接附在名词性成分上。这种结构可以达到一种认知语用效果:让从句表达的整个命题可用作一个抽象名词的概念。这就是具体化(reification)过程。它将某件事变成一件更容易感知和把握的事。在这个过程中,抽象名词充当了信息的容器或者外壳,被称为外壳名词。参见:弗里德里希·温格瑞尔,汉斯-尤格·施密特. 认知语言学导论[M]. 彭利贞,许国萍,赵微,译. 上海:复旦大学出版社,2006:281。

汉语中也有类似现象,其中很多是通过"的"字结构完成的。例如:这个做梦的故事我就给大家讲完了。(4:5)参见:周国光,王葆华. 儿童句式发展研究和语言习得理论[M]. 北京:北京语言文化大学出版社,2001:139。主谓结构作定语、宾语的用法也是具体化的一种。

在本例中，"一个狐狸在呼达呼达睡觉"本身是一个完整的句子，而这个完整的句子在整个句子中又担任动作"看见"的宾语。这种复句内的单句作某个句法成分的现象是具体化的一种表现。单句的具体化过程是语言走向更高抽象化层次的一个关键操作过程，能够反映儿童的语言发展水平。因此，应该对儿童语言中的这类具体化现象进行统计。为了达到这一目的，我们设计了一种次生语言组块：复合事体组块。复合事体组块是通过具体化将事件转化为事体而形成的复合性组块。复合事体组块可充当施事也可担任受事，分别记为 CB_1、CB_2。复合事体组块的应用表明儿童具有了控制复杂语言结构的能力，是语言发展的重要方面。复合事体组块的运用也是组块分析法能够更好地衡量儿童语言复杂度的重要原因之一。

主观组块与客观组块的应用对语言使用者提出了更高的语言水平要求，因此可以作为衡量儿童语言水平的指标之一，是判断儿童语言发展水平和阶段的重要指标。在语言的后续发展过程中，人类逐步形成通过形式符号进行语言操作的能力。而语言结构的形式化实际上是具体化的更高级形式。例如，对"如果再给我一次机会，那么我会选择和你在同一个学校"这样一句话，可以通过具体化过程而形成"如果 X，那么 Y"的进一步抽象后形成的形式化模型。形式化使得人类在思考问题时可以抛开那些细枝末节的问题而关注核心问题，减少了认知负担，是人类思维通向高级阶段的必要手段。因此，复合事体组块的运用表明儿童语言的发展已经到了相当高的水平。

三、组块分析的原则与方法

在实际语料分析中，还存在一些具体问题。我们在对语料进行组块分析时，应遵循下列原则和方法。

(一) 组块分析的单位

儿童语言有很显著的不规范性，加之口语本身就有不如书面语严谨的特点，这给儿童语言的组块分析单位的确定带来了一定的难度。而分析单位的确定是组块分析的基础。因此,应确定一个科学的组块分析单位。

我们认为,应该以认知主体(儿童)对一个认知事件的完整认知结果的语言表达结果为分析单位。从句法结构上来看,语言表达结果以单句为多。但由于分析语料为口语,其句法结构大多不完整,单句的确定也会存在难度。对于这种语料,我们会将儿童断续的某些词语作为一个完整事件的认知结果而组合成一个组块分析单位。由于组块以语义为分类依据,是根据深层结构中的语义限制条件来分的。因此,语序不影响组块分析。例如:

(28)SYH[取样者]:什么掉了?
　　SYY:那个,荔枝这个,我捡去吧,我刚没吃就。(2:6)(王永坡,2007)

我们把这条语料分解为两个认知事件:

A:那个,荔枝这个,我捡去吧。
B:我刚没吃就。

由于这个原因,我们在实际对语料进行组块分析时,将其中的一些语料分解为两个或者多个认知事件,因此,实际分析的认知事件数都超过 100 个。这从本章末尾的分析结果统计表 3-1 中可以看到。

(二)重复组块的计数问题

儿童语言还有一个显著的特点,就是往往会重复某些组块。在很多情况下,这种重复并不反映儿童语言能力的增加,相反,是儿童语言能力存在不足的表征之一。基于这一特点,在进行组块分析时,在有结构相同的重复部分且重复的部分并不表达额外的语义范畴时,我们要将重复的组块略去不计。例如:

(29)(被试看到大街上的汽车,说)大汽车,呜——,跑,大汽车跑。(1:3)(孔令达等,2004)

在本例中,"大汽车""跑"这两个组块重复了,但这种重复并不能反映儿童语言能力的增长,重复的部分对语言能力的要求是相同的。又如:

(30)SYY:我帮我帮你唱一支歌嗷。(3:3)(孙艳红,2009)

第二个"我帮"的重复并不表达额外的诸如强调等语义,实际上从某种程度上还反映出儿童语言能力的不足,因此在组块计数时不能计算这部分的组块。

所以,由于语言具有递归性,在掌握了类似的范畴后,可以产生出无限的言语,从分析语言发展的角度出发,对这种无附加语义的重复组块应不予计数,只计算重复的部分中新出现的组块类型及数量。因为同样原因,在句子中出现外位语①时,也不单独计算组块数。组块分析着重分析语言使用者言语过程中其大脑中所涉及的范畴数。因此,进入统计范围的组块数有时与句法单位数并不等同。例如:

(31)SYY:我爸是女的,我也是女的。(3:5)(汲克龙,2009)
　　　　c　B_1　A　B_2　c　B_1　d

在本例中,"是女的"重复了,这部分的组块只计算一次。因此,组块分析的结果和句法分析结果并不是等同的。

---

① 外位语指不与句中一般结构成分发生结构关系,但与句中充当结构成分的某一词语复指同一对象。如:"吴天宝和姚志兰,一个是电话员,一个是火车司机。"参见:邢福义.现代汉语[M].北京:高等教育出版社,1991:331.

(三)独立语的组块计数问题

独立语包括插入语、呼应语、感叹语和拟声语四种。(邢福义,1991:329)独立语中的呼应语、感叹语、拟声语等,由于其独特的作用,能完成一定的功能,相当于一个单句。例如:

(32)(被试讲故事)小公鸡,你怎么把它推到地下去了?(4:5)
    (周国光、王葆华,2001.05)
(33)咚。头都砸扁啦!(4:5)(周国光、王葆华,2001:05)

在这两例中,"小公鸡""咚"分别为呼应语和拟声语,能独立地完成表意功能。因此,我们把它们都作为独立的单句处理。从组块上来看,它们的组块数都是1。由于其句法离散性,在实际组块分析中我们把这三类独立语作为独立的单句处理而未将其组块数计入主句的组块数中。

但独立语中的插入语与语句本身的联系更为紧密,句法作用也没有其他三种独立。因此,其组块数应计入主句的组块数中去。总体上看,语料库中的插入语并不多见,最多的是"你看(看)"一种插入语,共有25例。例如:

(34)(被试把自己叠的纸钢琴拿给取样人看)
    你看,钢琴叠好了吧?是我自己叠的。(2:6)(周国光、王葆华,2001)

另外,"那"共计出现7次,"本来"出现5次。例如:

(35)奶奶:人家都吃饭了,咱还没做饭呢。
    A:那可怎么办呢?(2:3)(刘颖,2009)
(36)那你等会儿记不就记不完了吗?(4:6)(钱益军,2003)

(37) 本来这个汤多得很。(3:0)(孔令达等,2004)

在这些例子中,"那""本来"属于插入语,用于对整个事件的评价。这种范畴和我们前面的八种组块类型都有所不同,从严谨的角度看,应该增加一种组块。但由于这类插入语的总量有限,为了分析的简便,我们不再单独设组块类型,而将其分析为较为接近的动状修饰组块 d。

(四)特殊句式的组块分析

对于诸如连动式、兼语式等特殊句式按照句法结构中显现出来的组块进行分析。例如:

(38)(被试捏起手指送到嘴里做磕瓜子的样子,对取样人说)
我吃个瓜子给你吃啊,我再吃个瓜子给你吃啊。(2)(周国光,1998)
B_1 A c B_2 A B_2 A M   d

在分析重复部分的组块数时,只计算新出现的范畴"再"。

(五)组块分析中的多义词

儿童会逐步掌握词汇的多个义项。在分析语料时应对多义词进行仔细分析,才能正确地确定其组块类型,从而帮助得到正确的儿童语言发展的数据。以"在"为例,"在"可以组成"在某个地方",这时是表处所的介词,分析为语法组块 G。例如:

(39)妈妈在爸爸那儿上班。(3)(孔令达等,2004)

而在下例中,"在"表动作进行中,是动词修饰语,分析为 d。

(40)他在吹喇叭。(3)(周国光,1998)

(六) 复合事体组块、复句的计数问题

复合事体组块可以从一个方面反映出儿童的某种语言抽象能力,因此儿童语言中的复合事体组块数量可以作为判断儿童语言的一个指标。同样,复句的运用表明儿童能够处理更为复杂的句法结构,其数量也可以从句法结构的角度反映出儿童的语言能力。我们将复合事体组块和复句作为单独的指标分别进行了统计。例如:

(41) 我妈妈 上次 讲 要带我到南京, 带我到上海, 带我到合肥的。
　　　c　B_1　T　A　dA　B_2　A P　　　　P　　　　P
　　　　　　　　　　　　　　CB_2　　　　CB_2　　　CB_2

在统计时,对复合事体组块的统计是作为独立的指标单独计数的,因此不会影响对组块的分析和计数。

复句的统计要复杂些。这主要是因为复句的认定有很大难度。总体上,我们的复句认定标准是包含连接性语法组块的语句。对于并列复句以及连续性复句,我们没有将这部分认定为复句而将这类复句分解为单句进行组块分析。例如:

(42) 如果 我 能 上学, 那就 能 很 聪明。(胡承佼,2004)
　　　G　B_1　d　A,　d　d　d　A

本例包含连接性语法组块"如果",因此很容易认定为复句。对于类似下例的并列复句,我们都作为两个单句进行组块分析:

(43) XY:爸爸是一棵(大树),妈妈是一朵(鲜花)。(4:8)

四、语误及其统计

儿童语言中的错误是反映儿童语言水平的一项重要指标。因此,在

进行语料分析时，我们还对儿童语言中出现的语误情况进行了统计分析。我们发现，儿童语言中的语误大致上可以分为四类：语音错误、词汇错误、句法错误和语义错误。语音错误也就是发音不完善在三岁前的儿童语言中实际上是很多的，但因为语音记录的难度很大，语料记录人大多缺乏语音学知识和转录技能，语料中的语音错误难以记录和显现，因此语音错误不包括在我们的错误分析范围内。我们对进行了统计的三类儿童语言错误定义如下：

1. 词汇错误。指儿童所说的词汇与目标语言有差异，如单音节词说成叠词、词汇误用、自我造词等现象。

2. 句法错误。指在非语境允许的情况下出现的句法成分缺失、语序颠倒等现象。句法成分缺失不同于省略，省略是语境容许的。

3. 语义错误。包括显性语义错误和隐性语义错误。显性语义错误是指儿童语言存在明显的意义错误、表意不清等现象。隐性语义错误指儿童语言虽然在句法结构上显得正确，但与所想表达的事实相反或有偏差的现象。例如：

(44)（被试想下楼玩，对奶奶说）
　　楼，下下。（1：1）（孔令达等，2004）

这个语料中出现了非正常的叠词"下下"，因此包含了词汇错误。同时，语序颠倒了，因此也含有句法错误。这表明该儿童语言水平还很低。又如：

(45) 我怎么听不见？我又不是瞎耳朵。(5)（孔令达等，2004）

在本例中，"瞎"是典型的词汇误用。再如：

(46)（被试和爸爸分手时说）

爸爸，明天下午来接我啊，明天来接我啊。（因为在幼儿园睡午睡，一觉醒来，就成了"明天"。）(2:6)（周国光，1998）

在本例中，儿童言语结构不存在问题，但时间组块"明天"的概念意义与儿童希望表达的语义有差异，因此存在隐性语义错误。类似的如下面两例：

(47)妈妈：萱，吃饭好不好？
　　JX：好。（喂饭时摇头）(1:2)
(48)SYY：打屁股针。(1:10)（肖玲，2007）

在例(48)中，儿童语言表达的语义不清楚。是"在屁股上打针"还是"给屁股打针"？甚至还有其他的意义？这种现象属于显性语义错误的一种。

第五节　语料分析结果

按照上述组块分析的原则和方法，我们对8个年龄段的儿童通过随机分层抽样方法按语料比例抽取而成的分析用语料库进行了组块分析。由于有些语料包含多个认知事件，我们将这样一些长的语料分解成多个语例进行分析，所以各个年龄段分析的实际语例数都超过了100个。为了比较各个年龄段之间儿童语言水平的差异，计数基准应该一致。为此，我们将从多于100个认知事件中分析得到的实际组块数转换为以100个认知事件为计数基准的折合组块数。计算公式为：

折合组块数＝实际（组块）数÷分析认知事件数×100

对分析用语料库进行的组块分析结果和以100个认知事件为计数基准的各个年龄段的转换结果见表3-1。

第三章 组块分析法及组块分析结果

表3-1 8个年龄段的儿童各100个语例的组块分析结果（折合组块数）

年龄段（岁）	分析认知事件（个）	T（个）	P（个）	c（个）	B₁（个）	B₂（个）	d（个）	A（个）	M（个）	G（个）	组块总数（个）	CB数（个）	复句数（个）	错误类型 词汇错误（个）	句法错误（个）	语义错误（个）	错误总数（个）
1—1.5	102	0	8.8	21.6	48.0	37.3	16.7	89.2	11.8	0.0	**233.4**	0.0	0.0	30.4	52.0	52.0	**134.4**
1.5—2	121	0.8	16.5	53.7	55.4	47.9	76.9	107.4	27.3	8.3	**394.2**	0.8	0.0	23.1	10.7	20.7	**54.5**
2—2.5	113	2.7	16.8	78.8	69.0	83.2	77.0	120.4	32.7	18.6	**499.2**	1.8	1.8	21.2	16.8	23.9	**61.9**
2.5—3	109	4.6	26.6	72.5	83.5	80.7	112.8	155.0	39.4	29.4	**604.5**	4.6	6.4	4.6	7.3	10.1	**22.0**
3—3.5	128	18.8	16.4	105.5	74.2	94.5	139.8	157.0	35.9	30.5	**672.6**	9.4	4.7	9.4	12.5	13.3	**35.2**
3.5—4	113	10.6	23.9	129.2	98.2	112.4	109.7	158.4	38.9	50.4	**731.7**	7.1	11.5	5.3	5.3	9.7	**20.3**
4—4.5	102	23.5	21.6	121.6	104.9	121.6	145.1	179.4	51.0	67.6	**836.3**	6.9	13.7	4.9	6.9	11.8	**23.6**
4.5—5	107	12.1	31.8	151.4	121.5	109.3	152.3	177.6	54.2	80.4	**890.6**	8.4	14.0	2.8	11.2	11.2	**25.2**

注：①由于在每个年龄段选取的100条语例中，都存在一个语例包含2个甚至多个认知事件的现象，所以实际分析认知事件数都超过了100个。
②实际数指组块分析得到的实际组块数；折合数指经过转换后以100个认知事件为计数基准的组块数。
③表中的字母分别表示：T=时间组块；P=处所组块；c=事体修饰组块；B₁=施事性事体组块；B₂=受事性事体组块；d=动状修饰组块；A=动状组块；M=情态组块；G=语法组块；CB=复合事体组块。

第四章 儿童语言发展的阶段性量化特征

儿童语言发展水平可以通过几个关键指标来衡量：(1)组块数量发展状况。(2)抽象性组块发展状况。(3)语误状况。(4)句法性结构(复合事体组块、复句)发展状况。本章将根据上述几个儿童语言发展的关键指标，对儿童语言发展的过程进行定量分析，探索儿童语言发展过程中是否存在阶段性特征。

第一节 组块的总体发展状况

组块的总数能直观地反映儿童语言发展的大致情况，是最简明的量化分析手段。某个年龄段儿童可以外显的组块总数越多，表明儿童的语言水平越高。除了组块数量的线性发展状况之外，还可以通过儿童在不同阶段组块增加的速度来衡量儿童语言发展状况。这一指标是更为隐性的衡量指标。某个年龄段儿童可以外显的组块总数增加数越多，表明儿童在该阶段语言发展越快。本节将从不同方面对儿童组块的发展状况进行分析。

一、组块总数的发展情况分析

根据组块分析结果，按照计算公式：

$$组块增长率 = 组块增长数 \div 组块总数 \times 100$$

(增长数＝该年龄段组块总数－上一个年龄段组块总数)

我们得到各个年龄段组块总数的增长情况表和增长率变化曲线：

表 4-1 各个年龄段组块总数(个)、组块增长数(个)与组块增长率(%)

年龄段(岁)	组块总数	组块增长数	组块增长率
1—1.5	233.4	233.4	100
1.5—2	394.2	160.8	68.89
2—2.5	499.2	105	26.64
2.5—3	604.5	105.3	21.09
3—3.5	672.6	68.1	11.27
3.5—4	731.7	59.1	8.79
4—4.5	836.3	104.6	14.30
4.5—5	890.6	54.3	6.50

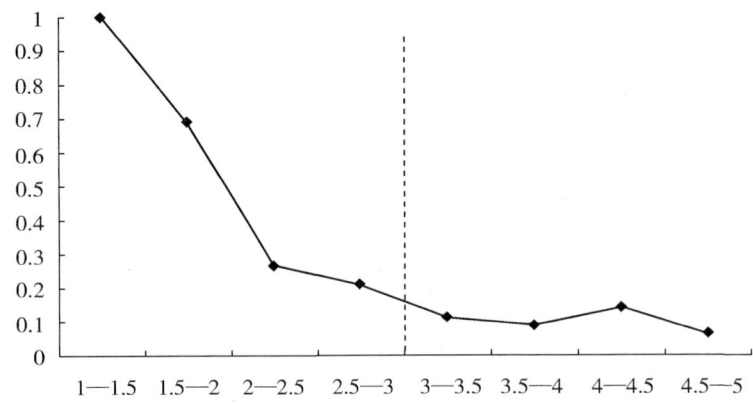

图 4-1 各个年龄段组块总数增长率曲线

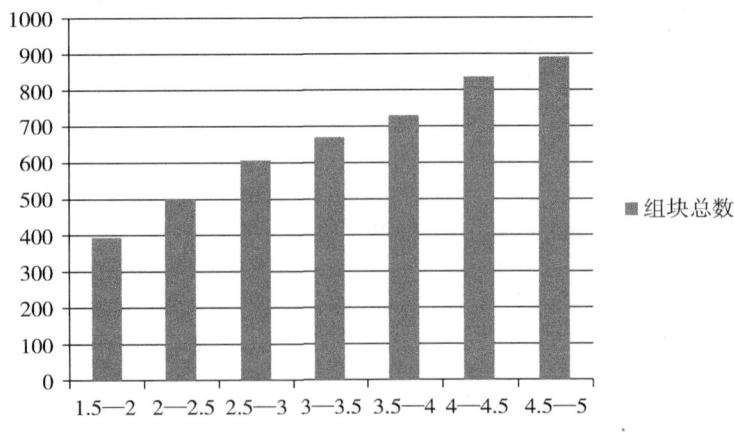

图 4-2 各个年龄段组块总数(个)

第一节 组块的总体发展状况

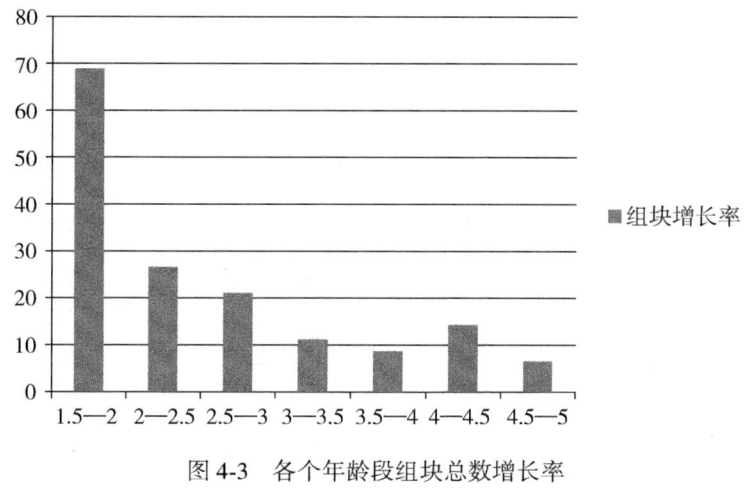

图 4-3 各个年龄段组块总数增长率

从表4-1及图4-1、图4-2和图4-3可以看出，8个年龄段的儿童语言组块总数都是呈稳步发展趋势。如果仅仅从增长的数值绝对值来看，8个年龄段组块总数的变化并不是特别显著。但是，如果我们从增长率的角度考察组块总数的发展情况，就会发现，在1—1.5、1.5—2、2—2.5这几个年龄段，组块的增长率呈快速下降的趋势，而从3—3.5年龄段开始，增长率基本上维持在同等水平，波动幅度很小。

从组块增长率的变化情况看，1—5岁儿童的组块增长情况呈现出阶段性特征，3岁以前是儿童语言中各种组块快速增长期，3岁以后是组块的稳定增长期。

二、不同类型组块的发展状况

仅从组块总数的绝对数上看，难以看出儿童语言发展的内在情况，因此我们从不同类型组块在组块总数中所占的百分比的角度来分析组块发展的内在隐性特征。根据组块统计结果，我们通过计算得到各个年龄段各类组块占组块总数的百分比，结果如表4-2所示：

表4-2　各个年龄段各类组块占组块总数的百分比（单位:%）

年龄段(岁)	P	c	B_1	B_2	d	A	M	G	T
1—1.5	3.78	9.25	20.59	15.97	7.14	38.24	5.03	0.00	0.00
1.5—2	4.19	13.63	14.05	12.16	19.50	27.25	6.92	2.10	0.21
2—2.5	3.37	15.78	13.83	16.67	15.43	24.11	6.56	3.72	0.53
2.5—3	4.40	11.99	13.81	13.35	18.66	25.64	6.52	4.86	0.76
3—3.5	2.44	15.68	11.03	14.05	20.79	23.34	5.34	4.53	2.79
3.5—4	3.26	17.65	13.42	15.36	14.99	21.64	5.32	6.89	1.45
4—4.5	2.58	14.54	12.54	14.54	17.35	21.45	6.10	8.09	2.81
4.5—5	3.57	17.00	13.64	12.28	17.10	19.94	6.09	9.02	1.36

注：表中的字母分别表示：T＝时间组块；P＝处所组块；c＝事体修饰组块；B_1＝施事性事体组块；B_2＝受事性事体组块；d＝动状修饰组块；A＝动状组块；M＝情态组块；G＝语法组块；CB＝复合事体组块。

通过对不同组块的百分比进行仔细分析，考察其百分比变化趋势以及变化幅度，我们得到如下结果（见表4-3）：

表4-3　各类组块在组块总数中的百分比变化趋势一览表

组块类型	P	c	B_1	B_2	d	A	M	G	T
最大值	4.4	17.65	20.59	16.67	20.79	38.24	6.92	9.02	2.81
最小值	2.44	9.25	11.03	12.16	7.14	19.94	5.03	0	0
变化幅度(%)	1.96	8.4	9.56	4.51	13.65	18.3	1.89	9.02	2.81
发展趋势	—	↗	↘	↘	↗	↓	—	↑	—

注：①表中的字母分别表示：T＝时间组块；P＝处所组块；c＝事体修饰组块；B_1＝施事性事体组块；B_2＝受事性事体组块；d＝动状修饰组块；A＝动状组块；M＝情态组块；G＝语法组块；CB＝复合事体组块。

②发展趋势中，—表示基本稳定，↑表示大幅度增加，↓表示大幅度下降，↗表示小幅度增加，↘表示小幅度下降。

对上表进行进一步归纳，可以将组块按发展趋势分为增长、下降和稳定三类，结果如下（见表4-4）：

表 4-4　　　　　　　　各类组块发展趋势分类表

发展趋势	增长	稳定	下降
组块类型	c、d、G	P、M、T	B_1、B_2、A

注：表中的字母分别表示：T=时间组块；P=处所组块；c=事体修饰组块；B_1=施事性事体组块；B_2=受事性事体组块；d=动状修饰组块；A=动状组块；M=情态组块；G=语法组块；CB=复合事体组块。

不同类型组块的百分比呈现不同发展趋势有其内在原因。

1. 呈增长趋势的三种组块 c、d 和 G 都能反映出儿童语言能力的增加。c、d 两种组块占的比例增长，意味着儿童对事体修饰组块和动状修饰组块的描述趋于精细、准确，这是儿童语言发展的重要方面。语法组块 G 的百分比的增长，意味着儿童对语言的抽象能力趋于增长，对范畴之间的关系描述更为准确。这同样是语言发展的重要指标。其中，c、d 两种组块的百分比增长幅度相对较小，而语法组块 G 呈现快速增长的趋势，表明儿童对范畴关系的理解和表达快速增长。（见图 4-4、图 4-5）

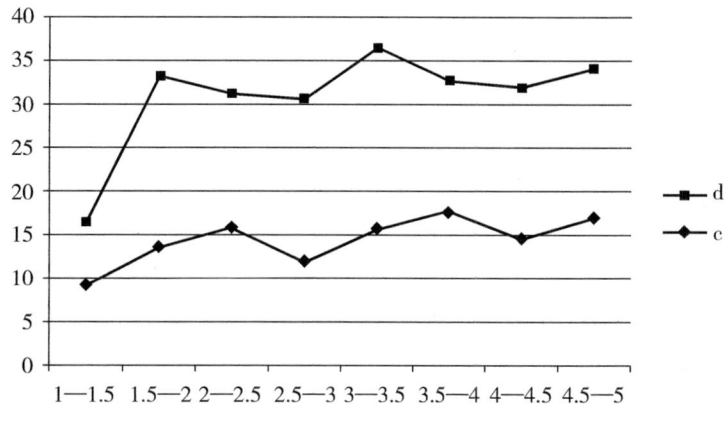

图 4-4　c、d 组块百分比变化曲线

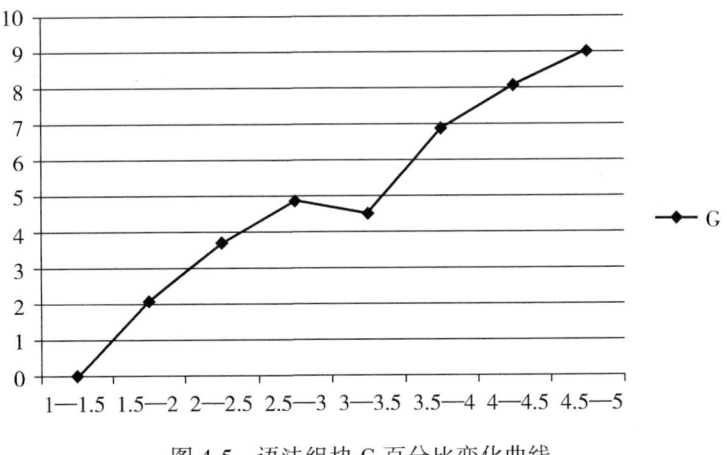

图 4-5　语法组块 G 百分比变化曲线

2. P、M、T 三类组块呈现稳定趋势的主要原因更多地是因为这三类组块在认知事件中的地位。在认知事件中，处所组块 P、时间组块 T 很多情况下都可以不出现，即使出现，其在每个认知事件中出现的频率大多都在 1 次。这导致这两类组块在总组块中占的百分比相对稳定。情态组块 M 的百分比呈稳定状态除了上述原因之外，还由于该类组块在儿童语言早期就开始出现，语料显示，在 1:1 时龄，儿童就已经开始运用情态组块。例如：

(49) A：啊不！俺不！（1:1）（刘颖，2009）

这两种原因导致情态组块 M 变化的幅度较小。

3. B_1、B_2、A 呈现下降趋势是因为在儿童语言发展早期，这三类组块是最先感知的，在早期，占了儿童语言中的大多数，而到后期，随着其他组块的增加，其比例就相应减少了。其中 B_1、B_2 呈缓慢下降趋势，而动状组块 A 下降趋势显著，幅度较大，从 1—1.5 岁年龄段的 38.24% 下降到 4.5—5 岁年龄段的 19.94%，下降幅度达 47.86%，将近下降一半。（见图 4-6、图 4-7）

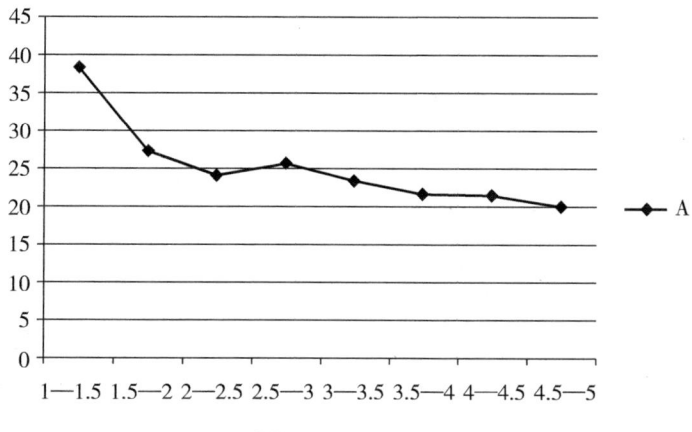

图 4-6　动状组块 A 百分比变化曲线

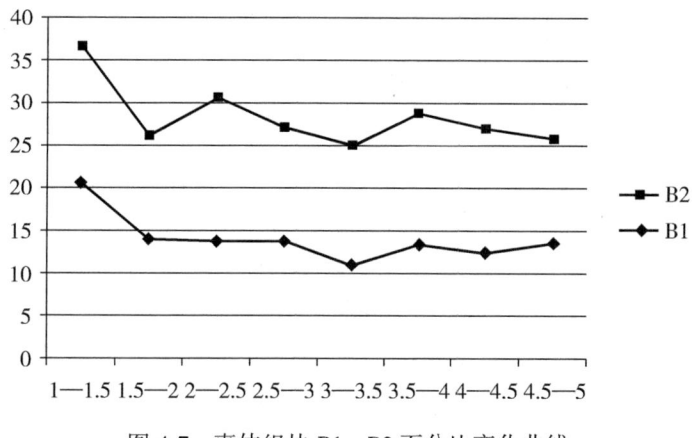

图 4-7　事体组块 B1、B2 百分比变化曲线

三、组块发展的相关性分析

为了检测各类组块发展之间的相关性,我们进行了相关性分析,结果如下(见表 4-5):

表 4-5　　　　　　　　　组块发展相关性分析表

相关系数	T	P	c	B_1	B_2	d	A	M	G
T	1	0.35	0.74*	0.66	0.82**	0.81**	0.82**	0.71*	0.73*
P	0.35	1	0.78*	0.88**	0.69*	0.76*	0.81**	0.87**	0.82**
c	0.74*	0.78*	1	0.93**	0.94**	0.89**	0.91**	0.91**	0.94**
B_1	0.66	0.88**	0.93**	1	0.90**	0.84**	0.92**	0.94**	0.99**
B_2	0.82**	0.69*	0.94**	0.90**	1	0.86**	0.93**	0.89**	0.90**
d	0.81**	0.76*	0.89**	0.84**	0.86**	1	0.95**	0.94**	0.85**
A	0.82**	0.81**	0.91**	0.92**	0.93**	0.95**	1	0.95**	0.92**
M	0.71*	0.87**	0.91**	0.94**	0.89**	0.94**	0.95**	1	0.93**
G	0.73*	0.82**	0.94**	0.99**	0.90**	0.85**	0.92**	0.93**	1

注：①切实相关(相关系数0.4~0.7)；*高(显著)相关(相关系数0.7~0.9)；**非常高(极显著)相关(相关系数>0.9)。

②表中的字母分别表示：T=时间组块；P=处所组块；c=事体修饰组块；B_1=施事性事体组块；B_2=受事性事体组块；d=动状修饰组块；A=动状组块；M=情态组块；G=语法组块；CB=复合事体组块。

结果显示，各类组块的发展之间总体上呈显著相关性。除了时间组块 T 与处所组块 P、时间组块 T 与施事性事体组块 B_1 相关性不够显著(相关系数<0.7)之外，其他组块之间都呈显著(相关系数>0.7)或极显著(相关系数>0.9)，这表明，儿童语言的组块发展总体上是相互影响、相互促进的。

第二节　儿童语言发展的阶段性特征统计分析

为了测定儿童语言的发展过程中是否存在阶段性，我们以组块总数为变量进行了单因素(组块增长情况)t 检验，以组块总数、CB 运用次数、复句运用次数和错误总数为变量进行了多因素 t 检验。

第二节 儿童语言发展的阶段性特征统计分析

一、儿童语言发展阶段性的单因素 t 检验

(一) 以 0.5 岁为年龄段的分析数据

为了检测各个年龄段之间组块发展是否存在差异,我们首先按照以 0.5 岁为年龄段间隔的 8 个年龄段进行单因素统计分析,根据组块分析结果,得到分析的原始数据如表 4-6 所示:

表 4-6 儿童语言发展阶段性的单因素(组块发展状况) t 检验数据表

(100 个认知事件的组块总数,单位:个)

年龄段(岁)	语料数	T	P	c	B_1	B_2	d	A	M	G	M±SE
1—1.5	102	0.0	8.8	21.6	48.0	37.3	16.7	89.2	11.8	0.0	25.9±9.5
1.5—2	121	0.8	16.5	53.7	55.4	47.9	76.9	107.4	27.3	8.3	43.8±11.5
2—2.5	113	2.7	16.8	78.8	69.0	83.2	77.0	120.4	32.7	18.6	55.4±13.1
2.5—3	109	4.6	26.6	72.5	83.5	80.7	112.8	155.0	39.4	29.4	67.1±15.8
3—3.5	128	18.8	16.4	105.1	74.2	94.5	139.8	157.0	35.9	30.5	74.7±17.6
3.5—4	113	10.6	23.9	129.2	98.2	112.4	109.7	158.4	38.9	50.4	81.3±17.2
4—4.5	102	23.5	21.6	121.6	104.9	121.6	145.1	179.4	51.0	67.6	92.9±18.4
4.5—5	107	12.1	31.8	151.4	121.5	109.3	152.3	177.6	54.2	80.4	98.9±19.3

注:①M±SE: M(均值)±SE(标准误)

②表中的字母分别表示:T=时间组块;P=处所组块;c=事体修饰组块;B_1=施事性事体组块;B_2=受事性事体组块;d=动状修饰组块;A=动状组块;M=情态组块;G=语法组块;CB=复合事体组块。

(二) 以 0.5 岁为年龄段的单因素统计分析

根据盖钧镒(2000:124-125),进行 t 检验分析的条件之一是数据方差的同质性①。为了进行儿童语言发展的阶段性分析,需要将原始数

---

① t 检验要求数据的方差具有同质性和总体正态分布性。在各组方差与其平均数之间存在比例关系,且原观测值中有为 0 的数时,进行 $\sqrt{(X+1)}$ 转换后再进行数据分析。参见:盖钧镒. 试验统计方法[M]. 北京:中国农业出版社,2000:124-125.

据进行 $\sqrt{(X+1)}$ 转换。转换后的数据如表 4-7 所示：

表 4-7　以 0.5 岁为年龄段间隔的 t 检验数据的 $\sqrt{(X+1)}$ 转换结果

年龄段（岁）	语料数	T	P	c	B_1	B_2	d	A	M	G
1—1.5	102	1.0	3.1	4.8	7.0	6.2	4.2	9.5	3.6	1.0
1.5—2	121	1.4	4.2	7.4	7.5	7.0	8.8	10.4	5.3	3.0
2—2.5	113	1.9	4.2	8.9	8.4	9.2	8.8	11.0	5.8	4.4
2.5—3	109	2.4	5.3	8.6	9.2	9.0	10.7	12.5	6.4	5.5
3—3.5	128	4.4	4.2	10.3	8.7	9.8	11.9	12.6	6.1	5.6
3.5—4	113	3.4	5.0	11.4	10.0	10.6	10.5	12.6	6.3	7.2
4—4.5	102	5.0	4.8	11.1	10.3	11.1	12.1	13.4	7.2	8.3
4.5—5	107	3.6	5.7	12.3	11.1	10.5	12.4	13.4	7.4	9.0

注：表中的字母分别表示：T=时间组块；P=处所组块；c=事体修饰组块；B_1=施事性事体组块；B_2=受事性事体组块；d=动状修饰组块；A=动状组块；M=情态组块；G=语法组块；CB=复合事体组块。

将上表中的数据导入 DPS 统计分析软件，进行 Bonferroni（配对法）测验，得到结果如表 4-8 所示：

表 4-8　以 0.5 岁为年龄段间隔的组块 Bonferroni（配对法）测验结果

比较组别	自由度 df	样本数	均值差	标准差	t	p
1<->2	14	9	-1.6222	1.3321	3.6534	0.0261
1<->3	14	9	-2.4667	1.362	5.4333	0.0177
1<->4	14	9	-3.2444	1.5216	6.3968	0.015
1<->5	14	9	-3.6889	2.022	5.473	0.0176
1<->6	14	9	-4.0667	1.8534	6.5826	0.0146
1<->7	14	9	-4.7667	2.0267	7.0558	0.0137
1<->8	14	9	-5	2.2627	6.6291	0.0145

续表

比较组别	自由度 df	样本数	均值差	标准差	t	p
2<->3	14	9	-0.8444	0.7333	3.4545	0.0276
2<->4	14	9	-1.6222	0.5403	9.007	0.0107
2<->5	14	9	-2.0667	1.1236	5.5179	0.0174
2<->6	14	9	-2.4444	1.2471	5.8803	0.0164
2<->7	14	9	-3.1444	1.3352	7.0651	0.0136
2<->8	14	9	-3.3778	1.414	7.1663	0.0134
3<->4	14	9	-0.7778	0.7259	3.2144	0.0295
3<->5	14	9	-1.2222	1.0557	3.4733	0.0274
3<->6	14	9	-1.6	0.7211	6.6564	0.0145
3<->7	14	9	-2.3	1.0149	6.7988	0.0142
3<->8	14	9	-2.5333	1.138	6.6785	0.0144
4<->5	14	9	-0.4444	1.0466	1.274	0.0681
4<->6	14	9	-0.8222	1.0604	2.3262	0.0402
4<->7	14	9	-1.5222	1.0768	4.2411	0.0226
4<->8	14	9	-1.7556	1.1381	4.6276	0.0207
5<->6	14	9	-0.3778	1.0281	1.1024	0.0761
5<->7	14	9	-1.0778	0.7362	4.3921	0.0218
5<->8	14	9	-1.3111	1.215	3.2374	0.0293
6<->7	14	9	-0.7	0.6928	3.0311	0.0313
6<->8	14	9	-0.9333	0.6538	4.2824	0.0223
7<->8	14	9	-0.2333	0.817	0.8568	0.0904

注：①对数据进行 $\sqrt{(X+1)}$ 转换后，进行配对法检验。

②自由度 $df = 8+8-2 = 14$

③$p<0.05$，显著；$p<0.01$，极显著

④比较组别与年龄段的对应关系：

1组=1—1.5岁；2组=1.5—2岁；3组=2—2.5岁；4组=2.5—3岁；

5组=3—3.5岁；6组=3.5—4岁；7组=4—4.5岁；8组=4.5—5岁

(三) 结果分析与讨论

Bonferroni(配对法)测验进行的组块发展状况统计分析如下。

1. 1—1.5 岁年龄段与更高年龄段之间的差异检测结果总结如下：

与 1.5—2 岁年龄段的统计分析结果为：$t=3.6534$；$p=0.0261$，差异显著。

与 2—2.5 岁年龄段的统计分析结果为：$t=5.4333$；$p=0.0177$，差异显著。

与 2.5—3 岁年龄段的统计分析结果为：$t=6.3968$；$p=0.015$，差异显著。

与 3—3.5 岁年龄段的统计分析结果为：$t=5.473$；$p=0.0176$，差异显著。

与 3.5—4 岁年龄段的统计分析结果为：$t=6.5826$；$p=0.0146$，差异显著。

与 4—4.5 岁年龄段的统计分析结果为：$t=7.0558$；$p=0.0137$，差异显著。

与 4.5—5 岁年龄段的统计分析结果为：$t=6.6291$；$p=0.0145$，差异显著。

2. 1.5—2 岁年龄段与更高年龄段之间的差异检测结果总结如下：

与 2—2.5 岁年龄段的统计分析结果为：$t=3.4545$；$p=0.0276$，差异显著。

与 2.5—3 岁年龄段的统计分析结果为：$t=9.007$；$p=0.0107$，差异显著。

与 3—3.5 岁年龄段的统计分析结果为：$t=5.5179$；$p=0.0174$，差异显著。

与 3.5—4 岁年龄段的统计分析结果为：$t=5.8803$；$p=0.0164$，差异显著。

与 4—4.5 岁年龄段的统计分析结果为：$t=7.0651$；$p=0.0136$，差异显著。

与 4.5—5 岁年龄段的统计分析结果为：$t=7.1663$；$p=0.0134$，差异显著。

3. 2—2.5 岁年龄段与更高年龄段之间的差异检测结果总结如下：

与 2.5—3 岁年龄段的统计分析结果为：$t=3.2144$；$p=0.0295$，差异显著。

与 3—3.5 岁年龄段的统计分析结果为：$t=3.4733$；$p=0.0274$，差异显著。

与 3.5—4 岁年龄段的统计分析结果为：$t=6.6564$；$p=0.0145$，差异显著。

与 4—4.5 岁年龄段的统计分析结果为：$t=6.7988$；$p=0.0142$，差异显著。

与 4.5—5 岁年龄段的统计分析结果为：$t=6.6785$；$p=0.0144$，差异显著。

4. 2.5—3 岁年龄段与更高年龄段之间的差异检测结果总结如下：

与 3—3.5 岁年龄段的统计分析结果为：$t=1.274$；$p=0.0681$，差异不显著。

与 3.5—4 岁年龄段的统计分析结果为：$t=2.3262$；$p=0.0402$，差异显著。

与 4—4.5 岁年龄段的统计分析结果为：$t=4.2411$；$p=0.0226$，差异显著。

与 4.5—5 岁年龄段的统计分析结果为：$t=4.6276$；$p=0.0207$，差异显著。

5. 3—3.5 岁年龄段与更高年龄段之间的差异检测结果总结如下：

与 3.5—4 岁年龄段的统计分析结果为：$t=1.1024$；$p=0.0761$，差异不显著。

与 4—4.5 岁年龄段的统计分析结果为：$t=4.3921$；$p=0.0218$，差异显著。

与 4.5—5 岁年龄段的统计分析结果为：$t=3.2374$；$p=0.0293$，差

异显著。

6. 3.5—4岁年龄段与更高年龄段之间的差异检测结果总结如下：

与4—4.5岁年龄段的统计分析结果为：$t=3.0311$；$p=0.0313$，差异显著。

与4.5—5岁年龄段的统计分析结果为：$t=4.2824$；$p=0.0223$，差异显著。

7. 4—4.5岁年龄段与更高年龄段之间的差异检测结果总结如下：

与4.5—5岁年龄段的统计分析结果为：$t=0.8568$；$p=0.0904$，差异不显著。

从上述对以0.5岁间隔为年龄段进行的统计分析结果的总结可以看出以下特点：

1. 3岁以前，以0.5岁为年龄段间隔，各个相邻年龄段之间的组块发展状况呈显著差异，与更高年龄段之间也呈显著差异。

2. 3岁以后，以0.5岁为年龄段间隔，各个相邻年龄段之间的组块发展状况基本上呈不显著差异（3.5—4岁年龄段与4—4.5岁年龄段之间除外，该相邻年龄段之间组块发展状况呈显著差异），与更高年龄段之间才呈显著差异。

从这两个特点我们可以得出结论：以3岁为界，组块的发展呈现两种不同的发展状况：3岁以前，儿童掌握的组块数和可以运用的各类组块数迅速发展，是组块的迅速发展期；3岁以后，儿童掌握的组块数和组块运用能力进入稳定发展期。从组块的统计分析结果可以看出，以3岁为界，儿童语言的组块发展指标呈现显著的阶段性特征。

(四) 以1岁为年龄段间隔进行的组块分析

为了检测年龄段间隔的合理性，我们以1岁为年龄段间隔进行了组块发展情况的单因素统计分析。分析数据如表4-9所示：

表 4-9　以 1 岁为年龄段间隔的儿童语言发展阶段性的单因素统计分析数据（组块发展状况）t 检验数据表（200 个认知事件的组块数）（单位：个）

年龄段（岁）	语料数	T	P	c	B_1	B_2	d	A	M	G	M±SE
1—2	223	0.8	25.3	75.3	103.4	85.2	93.6	196.7	39.1	8.3	69.7±21.0
2—3	222	7.3	43.4	151.3	152.5	163.9	189.8	275.4	72.1	48.0	122.5±28.9
3—4	241	29.4	40.3	234.7	172.4	206.9	249.5	315.4	74.8	80.9	156±34.8
4—5	209	35.6	53.4	273.0	226.4	230.9	297.4	357.0	105.2	148	191.8±37.7

注：表中的字母分别表示：T=时间组块；P=处所组块；c=事体修饰组块；B_1=施事性事体组块；B_2=受事性事体组块；d=动状修饰组块；A=动状组块；M=情态组块；G=语法组块；CB=复合事体组块。为节约篇幅，本节中的表格不再注释组块类型。

表 4-10　以 1 岁为年龄段间隔的组块发展状况 t 检验数据的 $\sqrt{X}$ 转换结果

年龄段（岁）	语料数	T	P	c	B_1	B_2	d	A	M	G
1—2	223	0.9	5.0	8.7	10.2	9.2	9.7	14.0	6.2	2.9
2—3	222	2.7	6.6	12.3	12.3	12.8	13.8	16.6	8.5	6.9
3—4	241	5.4	6.3	15.3	13.1	14.4	15.8	17.8	8.7	9.0
4—5	209	6.0	7.3	16.5	15.0	15.2	17.2	18.9	10.3	12.2

表 4-11　以 1 岁为年龄段间隔的组块发展状况 Bonferroni（配对法）测验结果

比较组别	均值差	标准差	t	p
1<->2	-2.8556	0.9748	8.7879	0.0219
1<->3	-4.3333	1.8392	7.0685	0.0273
1<->4	-5.7556	2.139	8.0723	0.0239
2<->3	-1.4778	1.1077	4.0024	0.0478
2<->4	-2.9	1.3491	6.4489	0.0298
3<->4	-1.4222	0.7759	5.4993	0.0349

注：①对数据进行 $\sqrt{X}$ 转换后，用 Bonferroni 配对法测验的结果。
②自由度 $df=4+4-2=6$
③$p<0.05$，显著；$p<0.01$，极显著
④比较组别与年龄段的对应关系：
1 组=1—2 岁；2 组=2—3 岁；3 组=3—4 岁；4 组=4—5 岁

结果表明,以 1 岁为年龄段间隔,则各个相邻年龄段之间的组块发展都呈显著差异。这说明年龄段间隔越大,各个年龄段之间的发展状况差异越大。如果以 1 岁为年龄段间隔,则不能反映出儿童语言发展的阶段性特征。因此,以 0.5 岁为年龄段间隔来进行分析是比较合理的,能得到比较理想的结果,能观察到儿童语言发展的阶段性。

二、儿童语言发展阶段性的多因素 t 检验

儿童语言的发展不仅体现在组块总数的增长方面,而且更多地体现在复合事体组块运用数、复句运用数和错误数等多个方面,因此,需要将这四项指标综合起来进行分析,才能得到比较完善的儿童语言发展阶段性特征。为此,我们以组块总数、CB 数、复句数和错误总数作为分析因子,进行 t 检验。

(一)数据准备

统计 8 个年龄段的组块总数、CB 数、复句数以及错误总数,得到如下结果(见表 4-12):

表 4-12　　儿童语言发展阶段性的多因素 t 检验数据表

(100 个认知事件的组块总数、CB 数、复句数和错误总数)(单位:个)

年龄段(岁)	语料数	组块总数	CB 数	复句数	错误总数
1—1.5	102	233.4	0.0	0.0	134.4
1.5—2	121	394.2	0.8	0.0	54.5
2—2.5	113	499.2	1.8	1.8	61.9
2.5—3	109	604.5	4.6	6.4	22.0
3—3.5	128	672.6	9.4	4.7	35.2
3.5—4	113	731.7	7.1	11.5	20.3
4—4.5	102	836.3	6.9	13.7	23.6
4.5—5	107	890.6	8.4	14.0	25.2

上表中，错误总数与其他三个因子反映的趋势相反。为了进行多因素统计分析，应将上表中的数据进行修正，使各组数据表现的发展趋势相同。为此，首先需要将各个年龄段的错误总数换算为相对正确数。计算方法和过程为：

1. 计算各个年龄段的相对错误率。

以 1—1.5 岁的错误总数为基准，计算各个年龄段的相对错误率。计算公式为：

$$相对错误率 = 该年龄段错误总数 \div 134.4$$

2. 计算各个年龄段的相对正确率。计算公式为：

$$相对正确率 = 1 - 相对错误率$$

3. 将相对正确率还原为相对正确数。计算公式为：

$$相对正确数 = 相对正确率 \times 100$$

根据上述计算方法，我们得到各个年龄段的相对正确数，结果如表 4-13 所示：

表 4-13　　　　　　　　各个年龄段的相对正确数

年龄段（岁）	语料数（个）	错误总数（个）	相对错误率(%)	相对正确率(%)	相对正确数(个)
1—1.5	102	134.4	1	0.0	0.0
1.5—2	121	54.5	0.406	0.594	59.4
2—2.5	113	61.9	0.461	0.539	53.9
2.5—3	109	22.0	0.164	0.836	83.6
3—3.5	128	35.2	0.262	0.738	73.8
3.5—4	113	20.3	0.151	0.849	84.9
4—4.5	102	23.6	0.176	0.824	82.4
4.5—5	107	25.2	0.188	0.812	81.2

由此，我们可以得到各个年龄段语言发展指数的多元定量分析数据

(见表4-14):

表4-14 儿童语言发展阶段性的多因素统计分析数据(单位:个)

年龄段(岁)	语料数	组块总数	CB数	复句数	相对正确数
1—1.5	102	233.4	0.0	0.0	0.0
1.5—2	121	394.2	0.8	0.0	59.4
2—2.5	113	499.2	1.8	1.8	53.9
2.5—3	109	604.5	4.6	6.4	83.6
3—3.5	128	672.6	9.4	4.7	73.8
3.5—4	113	731.7	7.1	11.5	84.9
4—4.5	102	836.3	6.9	13.7	82.4
4.5—5	107	890.6	8.4	14.0	81.2

为了进行 Bonferroni 测定,需要将上表中的数据进行适当转换。由于此表中含有数据0,采用 $\sqrt{(X+1)}$ 转换,得到结果如下(见表4-15):

表4-15 儿童语言发展阶段性的多因素统计分析数据 $\sqrt{(X+1)}$ 转换结果

年龄段(岁)	语料数	组块总数	CB	复句	相对正确数
1—1.5	102	15.3	1.0	1.0	1.0
1.5—2	121	19.9	1.4	1.0	7.8
2—2.5	113	22.4	1.7	1.7	7.4
2.5—3	109	24.6	2.4	2.7	9.2
3—3.5	128	26.0	3.2	2.4	8.7
3.5—4	113	27.1	2.8	3.5	9.3
4—4.5	102	28.9	2.8	3.8	9.1
4.5—5	107	29.9	3.1	3.9	9.1

(二)统计分析

将上表中的数据导入 DPS 统计分析软件,进行 Bonferroni(配对法)测验,得到结果如表 4-16 所示:

表 4-16 儿童语言发展阶段性的多因素 Bonferroni(配对法)测验结果

比较组别	样本数	比较年龄段		均值差	标准差	t	p
1<->2	4	1—1.5	1.5—2	-2.950	3.304	1.786	0.048
1<->3	4	1—1.5	2—2.5	-3.725	3.505	2.126	0.041
1<->4	4	1—1.5	2.5—3	-5.150	4.183	2.462	0.036
1<->5	4	1—1.5	3—3.5	-5.500	4.457	2.468	0.036
1<->6	4	1—1.5	3.5—4	-6.100	4.788	2.548	0.035
1<->7	4	1—1.5	4—4.5	-6.575	5.438	2.418	0.037
1<->8	4	1—1.5	4.5—5	-6.925	5.767	2.402	0.037
2<->3	4	1.5—2	2—2.5	-0.775	1.237	1.253	0.065
2<->4	4	1.5—2	2.5—3	-2.200	1.691	2.602	0.034
2<->5	4	1.5—2	3—3.5	-2.550	2.395	2.129	0.041
2<->6	4	1.5—2	3.5—4	-3.150	2.745	2.295	0.038
2<->7	4	1.5—2	4—4.5	-3.625	3.648	1.987	0.044
2<->8	4	1.5—2	4.5—5	-3.975	4.074	1.952	0.045
3<->4	4	2—2.5	2.5—3	-1.425	0.695	4.103	0.022
3<->5	4	2—2.5	3—3.5	-1.775	1.263	2.810	0.032
3<->6	4	2—2.5	3.5—4	-2.375	1.590	2.987	0.030
3<->7	4	2—2.5	4—4.5	-2.850	2.468	2.310	0.038
3<->8	4	2—2.5	4.5—5	-3.200	2.886	2.218	0.040
4<->5	4	2.5—3	3—3.5	-0.350	0.904	0.775	0.089
4<->6	4	2.5—3	3.5—4	-0.950	1.072	1.772	0.049

续表

比较组别	样本数	比较年龄段		均值差	标准差	t	p
4<->7	4	2.5—3	4—4.5	−1.425	1.979	1.440	0.058
4<->8	4	2.5—3	4.5—5	−1.775	2.410	1.473	0.057
5<->6	4	3—3.5	3.5—4	−0.600	0.707	1.697	0.050
5<->7	4	3—3.5	4—4.5	−1.075	1.422	1.512	0.056
5<->8	4	3—3.5	4.5—5	−1.425	1.780	1.601	0.053
6<->7	4	3.5—4	4—4.5	−0.475	0.907	1.048	0.074
6<->8	4	3.5—4	4.5—5	−0.825	1.343	1.229	0.066
7<->8	4	4—4.5	4.5—5	−0.350	0.451	1.552	0.054

注：①比较年龄段是为了解读方便而在分析结果中增加的一列。

②自由度 $df=4+4-2=6$

③比较组别与年龄段的对应关系：

1组＝1—1.5岁；2组＝1.5—2岁；3组＝2—2.5岁；4组＝2.5—3岁；

5组＝3—3.5岁；6组＝3.5—4岁；7组＝4—4.5岁；8组＝4.5—5岁

④样本数为四种语言发展指标，即组块总数、CB数、复句数和错误总数。

(三) 统计分析结果与讨论

Bonferroni(配对法)测验进行的语言发展状况多因素统计分析如下。

1. 1—1.5岁年龄段与更高年龄段之间的差异检测结果总结如下：

与1.5—2岁年龄段的统计分析结果为：$t=1.786$；$p=0.048$，差异显著。

与2—2.5岁年龄段的统计分析结果为：$t=2.126$；$p=0.041$，差异显著。

与2.5—3岁年龄段的统计分析结果为：$t=2.462$；$p=0.036$，差异显著。

与3—3.5岁年龄段的统计分析结果为：$t=2.468$；$p=0.036$，差异显著。

第二节 儿童语言发展的阶段性特征统计分析

与 3.5—4 岁年龄段的统计分析结果为：$t=2.548$；$p=0.035$，差异显著。

与 4—4.5 岁年龄段的统计分析结果为：$t=2.418$；$p=0.037$，差异显著。

与 4.5—5 岁年龄段的统计分析结果为：$t=2.402$；$p=0.037$，差异显著。

2. 1.5—2 岁年龄段与更高年龄段之间的差异检测结果总结如下：

与 2—2.5 岁年龄段的统计分析结果为：$t=1.253$；$p=0.065$，差异不显著。

与 2.5—3 岁年龄段的统计分析结果为：$t=2.602$；$p=0.034$，差异显著。

与 3—3.5 岁年龄段的统计分析结果为：$t=2.129$；$p=0.041$，差异显著。

与 3.5—4 岁年龄段的统计分析结果为：$t=2.295$；$p=0.038$，差异显著。

与 4—4.5 岁年龄段的统计分析结果为：$t=1.987$；$p=0.044$，差异显著。

与 4.5—5 岁年龄段的统计分析结果为：$t=1.952$；$p=0.045$，差异显著。

3. 2—2.5 岁年龄段与更高年龄段之间的差异检测结果总结如下：

与 2.5—3 岁年龄段的统计分析结果为：$t=4.103$；$p=0.022$，差异显著。

与 3—3.5 岁年龄段的统计分析结果为：$t=2.810$；$p=0.032$，差异显著。

与 3.5—4 岁年龄段的统计分析结果为：$t=2.987$；$p=0.030$，差异显著。

与 4—4.5 岁年龄段的统计分析结果为：$t=2.310$；$p=0.038$，差异显著。

与 4.5—5 岁年龄段的统计分析结果为：$t=2.218$；$p=0.040$，差异显著。

4. 2.5—3 岁年龄段与更高年龄段之间的差异检测结果总结如下：

与 3—3.5 岁年龄段的统计分析结果为：$t=0.775$；$p=0.089$，差异不显著。

与 3.5—4 岁年龄段的统计分析结果为：$t=1.772$；$p=0.049$，差异显著。

与 4—4.5 岁年龄段的统计分析结果为：$t=1.440$；$p=0.058$，差异不显著。

与 4.5—5 岁年龄段的统计分析结果为：$t=1.473$；$p=0.057$，差异不显著。

5. 3—3.5 岁年龄段与更高年龄段之间的差异检测结果总结如下：

与 3.5—4 岁年龄段的统计分析结果为：$t=1.697$；$p=0.050$，差异不显著。

与 4—4.5 岁年龄段的统计分析结果为：$t=1.512$；$p=0.056$，差异不显著。

与 4.5—5 岁年龄段的统计分析结果为：$t=1.601$；$p=0.053$，差异不显著。

6. 3.5—4 岁年龄段与更高年龄段之间的差异检测结果总结如下：

与 4—4.5 岁年龄段的统计分析结果为：$t=1.048$；$p=0.074$，差异不显著。

与 4.5—5 岁年龄段的统计分析结果为：$t=1.229$；$p=0.066$，差异不显著。

7. 4—4.5 岁年龄段与 4.5—5 岁年龄段之间的差异检测结果为：

$t=1.552$；$p=0.054$，差异不显著。

对检测结果的分析可以看出以下特点：

1. 3岁以前，以0.5岁为年龄段间隔，各个相邻年龄段之间的四个语言指数发展状况基本上呈显著差异（其中只有1.5—2岁年龄段与2—2.5岁年龄段之间的语言指标差异不显著），但与其他5个更高年龄段之间呈现显著差异。

2. 3岁以后，以0.5岁为年龄段间隔，各个相邻年龄段之间的四个语言发展指数基本上呈不显著差异（其中只有2.5—3岁年龄段与3.5—4岁年龄段之间的语言指标刚好达到显著标准，$p=0.049<0.05$），与更高年龄段之间的差异也不显著。

从这一统计分析结果可以看出，即使以0.5岁为年龄间隔，3岁之前的各个年龄段之间的语言发展指数基本上呈现显著差异。其间，只有1.5—2岁和2—2.5岁年龄段之间的语言差异不显著，显示这期间儿童语言发展速度略缓于1—1.5岁与2.5—3岁年龄段。2.5—3岁年龄段与更高年龄段之间的语言发展指标差异呈不显著水平，表明儿童在3岁时语言水平发展已达到相当高的水平。

这一统计分析结果还表明，从3—3.5岁年龄段开始的后续4个年龄段，从低到高的配对分析结果显示，各个年龄段之间的语言指数差异不显著。

综合上述分析，我们可以得出初步结论，综合组块总数、CB（复合事体组块）运用次数、复句数和错误总数这四个显性指标看，儿童语言的发展呈现显著的发展阶段性：在3岁前，汉语儿童语言处于快速发展期；3岁以后，汉语儿童语言发展进入稳定发展期。

第三节 语言发展指标的发展趋势对比分析

下面我们将组块总数、CB（复合事体组块）运用次数、复句数和错误总数这四个语言发展指标的发展情况进行图表对比分析，可以从另外一个角度发现儿童语言的发展是否存在阶段性特征。（见图4-8和图4-9）

第四章　儿童语言发展的阶段性量化特征

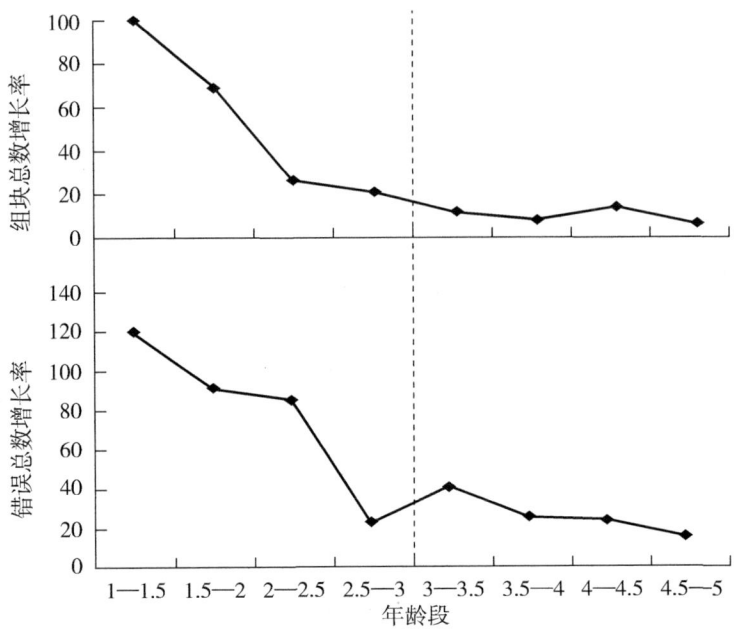

图 4-8　各个年龄段组块总数增长率曲线与错误总数增长率曲线对比

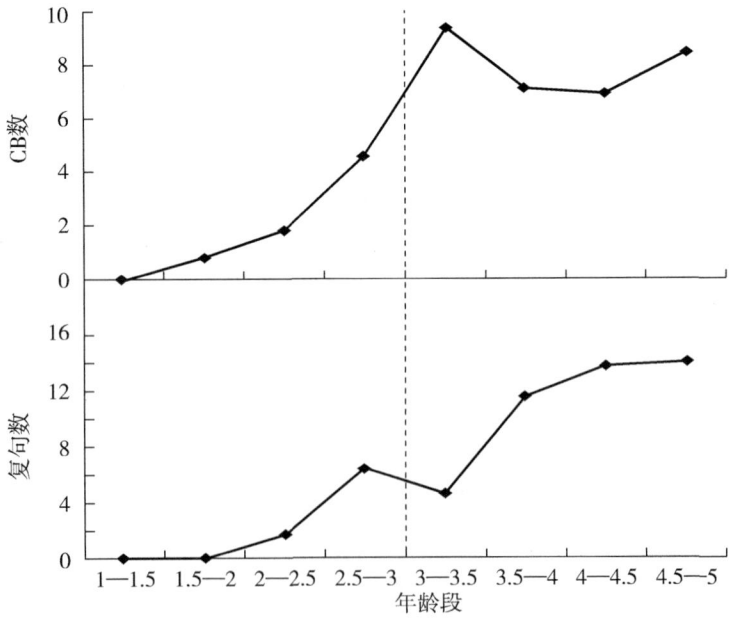

图 4-9　各个年龄段 CB(复合事体组块)数曲线与复句数曲线对比

分析上述两组图，我们可以发现以 3 岁为界（图中虚线为界），变化趋势呈现有规律的"两高两低现象"。所谓"两高"，是指 CB（复合事体组块）运用次数和复句运用次数在 3 岁以后处于高位，而且基本稳定，变化幅度较小。CB 运用和复句运用对语言使用者语言水平的要求较高，因此处于高位的这两个指标可以反映出儿童在 3 岁以后，这两个方面的能力都得到很大的发展，语言的总体水平也有了很大的提高，因而运用次数较 3 岁以前有较大增长。所谓"两低"，是指错误总数增长率和组块总数增长率在 3 岁以后处于低位，而且呈现稳定趋势。同时，这两个指标在 3 岁以前还呈现一个共同的特征：呈急剧下降趋势。组块总数增长率在 1—3 岁快速下降，表明儿童在 3 岁以前，运用组块的能力快速增长，3 岁以前是语言的快速发展期。3 岁以后，组块总数增长率基本上稳定下来，表明儿童语言的发展开始从量变向质变转化，可能此阶段语言的发展更多地体现在理解速度、多义词义项的掌握等方面。错误总数在 3 岁以后处于低位，可以说明儿童在 3 岁以后语言水平较高，因而错误较少。同时错误总数在 1—3 岁快速下降，也表明儿童在 3 岁以前，错误快速减少，语言水平快速上升。

这一图示对比分析直观地反映了儿童语言发展过程中的阶段性特征，在儿童语言外显之后，3 岁是儿童语言发展水平的一个重要分水岭。

第四节 小　　结

综合上述汉语儿童语言发展的单因素统计分析、多因素（组块总数、CB 运用次数、复句数和错误总数）统计分析和图表对比分析，我们可以得到汉语儿童语言发展阶段性的结论：1—5 岁汉语儿童语言发展呈现显著的阶段性特征。3 岁是儿童语言发展的一个分水岭。3 岁以前是儿童语言的快速发展期，各种发展的显性指标都快速发展；而 3 岁以后是儿童语言的稳定发展期，显性指标发展速度减缓。这种减缓并不表示儿童语言发展速度变慢了，而是因为儿童已经基本掌握了语言的基本架构，语言朝更深层次发展，语言的发展变得隐性化。

很多学者认识到，3岁是儿童语言发展的一个关键节点。本研究第一次通过定量的方法确认了这一点。但定量的分析还只能确认1—5岁年龄段儿童语言的总体发展特征，对儿童0—1岁年龄段这一语言外显之前的阶段未能进行分析。

在接下来的三章，将根据定量分析得到的结论对儿童语言发展的不同阶段进行定性分析和讨论，从而通过定量与定性相结合的方法，对汉语儿童语言发展的阶段性进行更为完整的划分，并对各个发展阶段的内在特征进行研究。

第五章　语言意识形成期

从功能上看，语言意识指婴儿认识到能通过语言完成对环境的影响和改变，也就是说，认识到语言是一种有效的工具，能通过语言满足自己的一些愿望。从心理机制上看，语言意识指儿童完成了第一个象征单位的所指与能指的象征化联结过程后而形成的音物对应心理反射和操作机制。从出生起到1岁左右，大多数婴儿还未产生严格意义上的语言，但并不表示儿童在这一阶段的语言未有发展。我们认为，在这一阶段，新生儿完成了从对语言的混沌状态到确立语言意识的过程，因此这一阶段不仅是婴儿语言意识的形成与发展期，而且是语言在儿童个体内部产生和发展的关键时期。在这一阶段，儿童语言的发展主要表现在从无意识发声到有意识运用语音，直至音位系统初步形成。

张仁俊、朱曼殊(1987：7-9)将0—13月龄婴儿的语音发展过程分为三个阶段。第一阶段是从出生到4个月。这一阶段婴儿所发的音绝大多数是单音节，且元音比辅音早。在后两个月里，婴儿的发音类型显著增加，出现了辅音加元音的结合。第二阶段是4个月到12个月，婴儿在这一阶段能发大量的多音节音。辅音加元音的发音方式成为常态。第三阶段是12个月—13个月。这时婴儿能正确模仿成人发音，并出现第一批词。

我们认为，从婴儿语言的认知发展过程来看，根据此间婴儿外显的副语言行为特征可知，0—12月龄婴儿处于语言意识形成期。根据婴儿的语言心理状态和外显行为特征，这一阶段可以进一步划分为三个小的阶段：无语言意识期、语言意识萌芽期、语言意识确立期。

第五章　语言意识形成期

儿童语音发展的研究是一个较难的方面，这出于多方面的原因。一方面，婴儿期发出的声音因为没有系统性，导致对其描写存在困难；另一方面，对语音进行描写需要专门知识，需要对语音学的专门研究，而这是很多语言研究者所缺乏的。本研究所运用的语音发展方面的语料也存在描写不够规范的问题。

第一节　无语言意识期

一、发声概况

0—3个月的婴儿处于无语言意识期。生理上，刚出生的婴儿由于刚从母体中出来，在最初的20天左右的时间里，姿势仍然很接近于在母体内的状态。从发声器官的发育状况来看，初生婴儿的声道结构接近于猿类，不利于发声。(刘晓、金星明，2006：234)婴儿的第一次发声大多是伴随着出生而产生的。文学作品对这第一次发声的解释是，婴儿因为来到了人间要遭受各种痛苦而哭泣。实际上，婴儿在脱离母体的过程中要经受很大的挤压，对婴儿来说是个痛苦的过程。婴儿出生后，其身体尤其是肺部经受的环境发生了改变，肺部要对外界环境进行适应而被动发生第一次扩张和呼吸作用，因此婴儿的第一次发声是肺部被动活动的副产品，是婴儿生理上对外部环境的自然反应。0—3个月期间，婴儿的主要活动是睡眠。如果没有生病、饥饿、疼痛等生理不适，主动发声活动并不很多。由于此阶段婴儿的发声绝大多数是由于生理上的原因，是随着不舒服时的咳嗽、饥饿时的吸吮等动作才有声音或哭声发出，婴儿所发出的声音与语言无关。由于这一原因，李宇明(2004：57)把出生1—20天称为非自控音阶段。周兢(1994)把婴儿早期发出的声音称为反射性发音。与此类似，徐山认为，早期婴儿的发声行为是"强烈情绪的外化"(徐山，1995：65)。总体来看，学者们都承认这一时期婴儿发出的声音不是自主的，也就是说，不具备语言学上的意义。

我们认为，0—3个月期间婴儿的发声以非自主发声为主，非自主发声会随着婴儿生理的发育而逐渐减少。

婴儿的发声与听音是两个相辅相成的过程。李宇明(2004：58)综合他人的研究，对新生儿出生前后的听觉状况进行了综述。各种研究表明，胎儿在母体内听觉就已经形成，并已经听到了各种声音，包括脉搏声、母亲体外的各种声音等。最早在出生几分钟，新生儿就能对声音做出反应。这表明，婴儿出生时已经为听辨声音做好了生理上的准备。发声能力的增强也伴随着听音能力的增长。

二、发声类别

从这一阶段婴儿发出的声音类别看，大多数研究者认为，在这一阶段，婴儿的发音以元音为主，辅音还较少，主要是/h/、/m/、/w/等少数几个辅音。李宇明(2004：59)则认为，早期儿童的音节类型以单独的浊辅音为主。理由是"从婴儿发音的生理上看，单独发元音需要口腔呼吸均匀紧张，气流不能在口腔阻碍，发音难度较高，所以，音节类型以单独的浊辅音为主"。周兢(1994：47-48)认为0—4个月是婴儿单音发声阶段。婴儿的发音从反射性发音开始，在第1个月哭叫是主要的发音，不同的哭声表达不同的意义和需求。2个月时发出的声音类似汉语单韵母的简单元音，如/a/、/u/、/o/、/i/、/e/，同时还有含有少量的双元音如/ai/、/ei/、/en/、/an/、/ao/、/ou/，并出现了元音与辅音的结合音，如/he/、/hei/、/gu/、/ka/。

众多研究没有关注的一个现象是，在出生后的差不多一个月内，婴儿的啼哭声是很特别的，是带升调的/gong aaa/音，其中就包含浊辅音/g/。这也许是李宇明认为婴儿早期更多发浊辅音的原因。徐山引用《说文》中"呱，小儿啼声"来说明婴儿第一次发声的声音，她认为第一次发声为/fia/(徐山，1995：64)。她的观察与我们的观察结果是相似的。但一个月以后，婴儿基本上不再发这种哭声。我们认为，这种哭声的改变与婴儿肺部等部位发声肌肉的发育和出生后身体的姿态逐步发生的改变有关。

我们的观察是,总体上看,0—3月龄婴儿的发声还是以元音为主,虽然也有/h/、/w/、/m/等少数辅音,但从两种声音发声的时间长度比来看,元音的比重要大得多。这一结果与周兢的观察类似。例如:

(50)SS(躺在床上玩,看着四周):/he/,/aa/,/e-/,/aae/(0:2)

(51)XY(想大小便,哭):/aaa/,/aaa/(0:2)

(52)SS(躺在床上玩,看着四周):/we/,/aa/,/e-/,/aae/(0:3)

(53)XY:(看着挂历上的笑着的人微笑):/haha/(0:3)

(54)XY(已经能专注于某个事物并做出相应反应。每次看见墙壁上的木板插座,就会发出):/wowo/(0:3)

(55)XY(妈妈逗着玩,发出笑声):/haahaa/(3月龄之前,XY只有笑容,不会发声)(0:3)

徐山也观察到被试S从3月龄时才"笑时有声"。(徐山,1995:64)这与例(55)的观察结果是一样的。

三、婴儿发声在语言发展中的意义

这一阶段,婴儿的主要活动是躺着睡觉,其睁开眼睛的时间仍然不多,视觉感知的事物还比较少。视觉外的认知手段是听觉和触觉。由于婴儿的手、脚还只能在小范围内活动,还基本不具备认知的作用,因此其感知范围非常有限。在少数的睁开眼睛的时间里,对视觉范围内的运动物体会做出反应。从声音的角度看,李宇明(2004:63)观察到,婴儿从出生20天以后,开始"玩弄"声音,也就是说,婴儿通过声音自娱自乐,取得心理愉悦感和成就感。40天以后,开始与成人用声音进行交流。我们认为,对这一阶段的婴儿来说,发声行为仍然是被动的、不自主的,婴儿发出的声音还没有表达意义的功能。这一阶段,婴儿还没有通过声音与成人交流的意识和愿望,还没有认识到他发出的声音是一种与他人交流的手段和改变环境的工具，但大多数婴儿已经表现出一定的喜好了，这主要是通过视觉体现出来的。我们就观察到 XY 在 2 个月大时喜欢盯着电视看。

这一阶段婴儿发声的最大特点是：其所发声音的意义是靠成人根据经验推测的，其发出的各种声音还没有与特定的对象建立起有规律的、约定性的系统性联系，声音表现出来的意义都依赖于即时语境，具有强烈的临时性。虽然从个体看来，婴儿的发声会显示出一定的规律性，监护人可以通过观察总结出来这种规律性，但个体间的发声行为差异很大，不具备约定性和系统性，不具备语言学意义上的音位系统性。

这一阶段婴儿语言发展的任务主要是感知汉语的语音特性，形成语音意识。从心理过程来看，语音意识是指个体对言语音位片段的反映与心理控制能力。（宋苗境、彭景华，2008）其他研究发现，婴儿在一个月左右就表现出语音范畴知觉能力，即对两个声音是表示两个不同音位还是属于同一音位范畴的能力。（桑标，2003：171）语音范畴知觉在语言的发展过程中具有重要意义，因为只有具备忽略语言体系内的大量音位变体的能力，也就是具备将不同的音位变体感知为同一音位的能力时，儿童才有可能理解语言。从这种意义上说，音位范畴知觉能力的发展是语言发展的基础，是语音意识发展的起点。

语言经验对婴儿的音位范畴知觉能力有强化作用。婴儿对语言的接触越多，对该语言的音位辨别就越敏锐。相反，如果这一时期婴儿缺乏足够的语言接触，则可能使婴儿的音位辨别能力变得迟钝。（桑标，2003：172）这一论点的显著证据是，在中国南方很多地区的方言中，没有音位/n/和/l/的对立。这种幼儿时期语言输入中音位对立的缺失导致这些地区的成年人对/n/和/l/的区分困难。这可以从心理机制上解释南方地区的人们对/n/和/l/两个音位的发音和辨别存在困难的现象。其他证据包括，研究发现，日语婴儿可以辨别/r/和/l/的音位对立。但由于日语中没有/r/音（不存在/r/和/l/的音位对立），这导致日本人成年后不仅难以发出/r/音，而且对/r/和/l/的音位对立不敏感。（桑标，

2003：172）也就是说，即使婴儿时期能辨别某些音位对立，但如果在后续的语言输入刺激中缺乏这些音位对立，婴儿会逐渐丧失对这些音位对立的辨别能力。有趣的是，"二战"时期在菲律宾战场上，美军就是利用日本人的这一发声缺陷来快速有效地甄别日本间谍的。这些现象表明，特定地区的人们对某些特定音位对立的区分困难，并不是生理上的原因造成的，而是由于后天语言习得过程中语言输入刺激的缺失导致对这些音位的范畴知觉能力的缺失而造成的。

因此，从促进婴儿语言发展的角度看，在这一阶段，虽然婴儿对语言还是处于混沌无知的茫然状态，成人仍然应该在婴儿非睡眠状态时，给予适量的语言输入刺激，以促进婴儿的语音范畴知觉能力的发展。同时，为了促进婴儿认知的发展，应在其视觉范围内提供视觉刺激物，包括可发生小幅运动和声音的玩具。

第二节 语言意识萌芽期

一、发声概况

4—9月龄婴儿处于语言意识萌芽期。从发声器官的发育看，2—4月龄婴儿的声道结构开始接近于成人，但各个发声部位还只会保持在固定不变的位置上（而缺乏协调能力），发声短而孤立，逐渐地通过应用声门闭锁才能发出连串音。（刘晓、金星明，2006：234）外在的表现是，此时婴儿在看到周围的人逗弄他时开始发出愉快的声音。从例（55）可以知道，婴儿在3个月前往往只有笑容而不发出笑声。随着生理上的逐步发育，婴儿睡眠时间逐渐减少，睁开眼睛观察周围事物的时间多起来了，随之而来的发声现象也逐渐增加，辅音与元音的组合成为普遍现象，发声也逐步变得有意识、自主和可控。XY从3月龄时已经能通过声音表达出一定的意义了（见例（54））。从4个月开始，婴儿重复连续音节的现象开始增多，如/dadaa/、/memee/等。

(吴天敏、许政援,1979:153-155;金颖若、盘晓愚:67)这表明,婴儿此时对声音具备了初步的可控性。从心理上分析,这种声音上的重复实际上是儿童的一种新尝试,表明婴儿能够做某件事了(在这里是自主发出声音)。对此时的婴儿来说,自主发声能力是一个很大的成就。通过重复这些音节,儿童可以获得心理上的愉悦感。客观上,这种重复是语言发展的一种形式和阶段。此外,这一时期婴儿已经开始通过声音表达出对观察到的事物的新奇、惊喜等感受。因而,婴儿发出的声音能表达一定的意义,尽管这种意义仍然是临时性的、无普遍约定性的。例如:

(56)SS(躺在床上玩,看着四周):/henn/,/wuu/,/en/(0:4)

(57)SS(妈妈抱着玩,很高兴):/ake/,/ke/,/enn/,/eer/(0:5)

(58)XY(妈妈有事离开了,由一个不熟悉的人抱了一会。四周找妈妈,看不到妈妈,开始哭):/memaa/,/memaa/(0:6)

(59)S(饿了要吃母奶,发出哭喊声)/m-ma-/(0:7)(徐山,1995:65)

(60)SS(在理发店理发,不是很乐意):/ge ge gee/(0:6)

(61)SS(躺在床上玩,转动脑袋看四周,很高兴):/ka ka ke/,/haa/,/he/(0:7)

以上各例婴儿的发声表达出不同的意义。例(56)、例(57)和例(61)表达出高兴、好奇、兴奋和惬意等意义,例(58)、例(59)表达出惶恐不安、寻找的意义。例(60)表达出生气的意义。从上述各例也可以看出,在4月龄时,儿童发声的重复性还很弱,而到了6—7月龄,其发声的重复性越来越强,表明其发声的自主性稳步增强。在自主发声能力增强的同时,模仿成人发音的能力大为提高。(李宇明,2004:66)此期间,婴儿发出的多音节组合,有些类似成人的语音了。(张仁

俊、朱曼殊，1987：8）

二、外显副语言行为特征

在4—8个月期间，婴儿声音的娱乐功能逐渐减弱，而开始把声音作为一种与成人进行交流的手段并对成人的声音进行模仿，并能对成人的声音做出身体上的反应。这也标志着语言意识的出现。随着婴儿对声音更多的运用，结合成人的诱导和鼓励，婴儿逐步对自己发出的声音形成了有意识的选择和强化，有些接近目标语的声音保留下来，而那些与目标语差异太大的声音逐渐消失。在婴儿能重复用某些声音表达相同的意义时，就表明语言意识已经确切地在婴儿头脑中产生了，如例(58)。

随着声音运用的增多，婴儿对声音的控制越来越自如，逐渐婴儿的发声开始有近似目标语中的音位，6月龄左右有些音开始有某种可以为成人感知的较为明确的意义，能表达快乐、烦恼等感情，甚至出现类似称呼语的发声现象，如例(58)。这表明语言意识出现了，也就是说，婴儿已经知道能通过声音传递自己的喜怒哀乐，能通过声音的控制和运用达到一定的目的。随着幼儿通过声音与成人交流的增多，他们也能听懂部分成人的语言了，能将特定的音与特定的事物联系起来，而这一能力的外显表现是幼儿的相关动作。李宇明(2004：64)提出了用"话语反应判定法"来测定此阶段儿童对成人话语的理解情况。该理论认为，在自然语境下，婴儿能对话语刺激做出合适反应，就表明婴儿理解了该话语。合适反应是指婴儿通过身体或声音对话语做出的合乎话语内容的反应。李宇明的观察是从6个月开始，婴儿有了合适反应。我们的观察结果也差不多相同。例如：

(62)妈妈：JX，小老鼠在哪？

　　JX：(抬头看墙上的小老鼠图片)。(0:7)

(63)妈妈：(家里来客人了)JX，欢迎，欢迎！

JX：（拍小手）。（0:7）

从上述例子还可以发现一个特点：最初婴儿是通过眼神对静物的注视做出合适反应，如例(62)；逐步发展到通过动作对成人的话语做出合适反应，如例(63)。总体上看，在此期间，婴儿能做出反应的事物和动作都是婴儿认知范围内的，也就是说视线内、触觉感知范围内的事物和现象。逐步地，婴儿能做出合适反应的音和词越来越多。有些形成了习惯，比如：JX 在 8 个月时，一听见音乐，就会挥动小手；听到大人对她说"转转"，就会将两只小手来回转。此一时期，儿童会借用眼神、手势来表达与成人交流的愿望，并常常作为表达和增强意义的手段。

值得注意的是，这一时期，儿童虽然模仿甚至发出了某些音，但仍没有语言学意义上的习得，因为这些词远离婴儿此期间的生活范围，他们还不能理解这些发音的真实所指。例如，例(63)中，JX 对"欢迎"的语音指示做出拍手的身体反应，是她将这一语音串与动作进行联结，而 JX 对于"欢迎"在语言系统中的意义是否理解或者理解到什么程度，则是另外一个问题。由此可见，成人的言语教授是通过儿童言语器官的成熟、认知的发展以及儿童本身的选择而起作用的，交往过程中成人的言语教授、儿童的模仿学习及其主动性、创造性的差异造成儿童语言获得的个别差异。(许政援，1996：8)

随着婴儿坐、爬行能力的出现，婴儿睁开眼睛的时间大大增加，由于能坐着，因而能看到更多的东西，由于能够四处爬动，婴儿能接触到的事物也更多，他们的认知范围得到扩展。而与成人通过声音的交流活动也越来越多。就是在这种逐渐增多的有意识的成人诱导下，婴儿的语言意识得到发展和确立。

三、语言意识发展的心理基础

语言意识的萌芽是建立在婴儿对自我与客体之间关系的认知基础上

的，也就是说，当婴儿开始认识到客体永久性①时，语言意识开始萌芽，并随着认知活动的扩展而逐步确立。对客体永久性的认识是婴儿认知与情绪发展的基础，是婴儿到此期为止心理发展的最重要的成就。当婴儿开始认识到客体永久性时，他们才开始将运动变化的事物视为稳定、一致的客体。具体到生活中来，此时婴儿才能将不断消失、再现的亲人视为同一的客体，从而与之形成稳定的情感纽带。（曾琦等，1997：393）这种认知能力的发展的一个显著效果就是婴儿与母亲分离焦虑的减轻。从语言的发展来看，认识到客体永久性是婴儿确定客观世界中能指与所指关系的基础，是语言习得的前提条件。

皮亚杰认为，对客体永久性还未得到发展的婴儿来说，当视野中某一物体消失后，婴儿并不理解这个物体会作为一个恒常物而继续存在。直到儿童能够把藏着的物体找出来后，他们才算获得了基本的物体概念。（西戈、张新立，1999：8）从这时开始，儿童的客体永久性才开始进入发展阶段。客体永久性是婴儿在多种感觉器官的协调作用下，通过各种认知活动逐步形成的。在各种不断的尝试中，婴儿通过做同一个动作总是引起同一个结果的现象，感知到因果关系的存在，通过爬行、摔打物体等获得对空间关系、力学关系的认识，通过触摸物体得到关于冷暖、硬软、大小等物理特性的认识。就是在这些不断的与周围事物的接触中，婴儿逐步获得了客体永久性。（西戈、张新立，1999：8）因此，常常会发现6—7个月的婴儿重复某些动作的现象。此期间，儿童行为的特点是通过手抓、嘴尝等动作尝试各种事物，喜欢往地上扔东西，抓住东西就往口里放，咬手指和脚趾等。例如，我们观察到XY在8月龄左右时喜欢用手乱抓东西；喜欢把东西往嘴里送；见到妈妈解开衣服就笑，因为XY知道能吃到奶了。这表明XY已经在妈妈解衣服的动作与吃奶之间建立了稳定的联系，是客体永久性的一种表现。儿童在此期间

---

① 客体永久性指主体对客体存在与否的认识不依赖于自我感知，而形成了有关客体存在的稳定内部认识。参见：李红，何磊. 儿童早期的动作发展对认知发展的作用[J]. 心理科学进展，2003(11)：316.

的各种尝试性行为其实是幼儿探索自我与外界关系的一种方式,是他们探索世界的行为的一种外在表现。国内外的多项研究表明,8个月的婴儿已经具备了初步的客体永久性。客体永久性的建立还是个体心理表征萌芽的标志,而表征是概念形成中必不可少的重要环节。(曾琦等,1997:393)客体永久性的发展为婴儿的语言发展提供了心理基础。

此期间,婴儿有了一定的表意愿望,声音具备初步表意特征。此期间,婴儿语言发展的外显特征是,婴儿逐渐完成了将所听到的连续语音流切分为更小单位(词语)能力的发展过程。国外的研究表明,美国婴儿在6月龄时,对音节重音的位置不表现出任何差异,但到9月龄时开始对重音位于第一个音节的单词表现出偏好。(桑标,2003:172)

在婴儿此期间发出的声音类别方面,国内众多学者从不同角度进行了分析研究。为了解释汉语儿童语音习得顺序,李嵬、祝华等(2000:175)提出了语音成分在普通话语音系统中的"突出性"[①](saliency)的概念。某音位的突出性越大,该音位就越容易被婴儿习得。同样,对于语音习得的顺序,李宇明是从语音难度和输入频度方面来解释的。他认为,语言形式的复杂程度以及它所包含的认知的复杂程度会影响语音习得的顺序;各个音位在语言输入中出现的频率也会影响语音习得的顺序。徐通锵则从另一个角度研究了汉语语音的习得顺序问题。他提出了汉语词的语音结构,如图5-1所示:

$$\frac{T}{C(M)V(F)}$$

图5-1 汉语词的语音结构

(引自徐通锵,1991:47)

---

① 语音成分的突出性由下列因素决定:该组成成分在音节中的必要程度;该组成成分中包含的音位或分支的多少(分支越多,突出性越小);该组成成分区别语义的功能大小等。参见:李嵬,祝华,Dodd B.,姜涛,彭聃龄,舒华.说普通话儿童的语音习得[J].心理学报,2000(2):175.

公式中，C 表示声母，M 表示韵头，V 表示韵腹，F 表示韵尾，( ) 表示其中的结构成分可以出现，也可能不出现。T 表示声调，位于横线之上，表示这一语音成分跨越横线下的语音成分，为超音段成分。这一公式可以帮助我们更直观地理解和解释儿童语音的发展顺序。首先，从发声机理来看，辅音由于需要对气流以正确的方式进行阻隔，难度比元音要大得多，尤其是一些和牙齿有关的音，在牙齿发育之前，更是根本不可能发出。从这一点来看，元音在儿童早期发声中的比例大于辅音就容易理解了。从辅音内部来看，辅音个体的发声难度又存在差异，z、c、s、zh、ch、sh、r、n、l 等属于难度较大的。（李宇明，2004：77）这些发声难度大的辅音出现的时间自然要晚于发声难度小的辅音。从线性结构的突出性来看，处于结构开头部分的音位成分更容易被感受到。

从促进婴儿语言发展的角度看，在此期间，由于婴儿对音位的辨别能力已经很强，监护人可以增加词汇的输入量。这些词汇应该是婴儿认知范围内的事物和过程范畴。同时，在和婴儿交流的时候，应该以动作和实物配合语言，以诱导和刺激婴儿将特定音位片段与所指联系起来，培养他们形成范畴的能力。

四、婴儿发声状况研究的语言学意义

上述婴儿早期发声状况研究表明，人类早期语言中词汇的语义是和语境紧密相关的。例如，"mama"的音位组合在世界各地的语言中都存在①，这与这对音位组合最容易发出有关。在例(58)和例(59)中婴儿发出的/memaa/等声音并不一定是对母亲的呼喊声。婴儿此时是通过这种发声表达出某种情绪。徐山(1995)认为，婴儿此时发出的这个声音

---

① 乔治·彼得·默多克收集了 1072 个称谓词(531 个称呼"母亲"，541 个称呼"父亲")，证实了在许多历史上非亲属的语言中，双亲称谓词在结构上惊人地相似。参见：[美]罗曼·雅可布逊，余前文. 为什么叫"妈妈"和"爸爸"[J]. 语言学动态，1978(4)：32.

第二节　语言意识萌芽期

是与婴儿的生理发育状况相关联的。她在观察到这一现象前，"S 还不会发此声，当然也无法理解成人的'mama'声即'妈妈'的含义""这个声音起初并没有'妈妈'义，或者说此时 S 的/m-ma-/声并不是在呼唤母亲，它表达一种欲望，一种需求"（徐山，1995：65）。徐山还观察到，S 在 12 月龄时，想表达拒绝义时也使用"m-ma-"音。这表明，她在 12 月龄时还没有将语音串/m-ma-/与语言系统中的"母亲"范畴联系起来，并没有完成将所指与能指进行联结的象征化过程。汉语中/mama/的声音与"母亲"联系起来是通过长时间的演变而成的。由于母亲往往是在婴儿感到害怕、饥饿等不安情绪时出现，于是，在长期的演变中，通过人们的规定，婴儿在这时最容易发出的这一声音就与这个语境中出现最多的人联系起来，形成汉语中的【妈妈/mama】象征单位。这是/memaa/这个语言系统中的声音与所指"母亲"联系起来的机制。

徐山（1995）还观察到，S 在 16—18 月龄时，试图打开某物时，都会发出/gə/声。她认为，S 因为用力而发出感叹声，其行为目的是明确的。类似的语义环境多次重复以后，/gə/声和"开"义的声义关系得以建立并巩固。虽然母语中有"开"这个词，但 S 仍不学母语"开"的语音，而习惯使用从自我行为体验中已抽象出"开"义的源于感叹声的/gə/音。不过，在母语"开"的规范语音的影响下，S 最终放弃了持续了两个月的/gə/声。徐山还观察到，S 在 15 月龄时，在表达动宾语义关系时，常用 OV 语序，并认为，这是与儿童先习得名词、后习得动词有关的。她认为，S 自发产生 OV 语序这一语言现象，可以帮助我们重构原始汉语语序即 SOV 型。她认为，汉语的原始句型应该是 SOV 型。

这些例子可以表明，人类语言早期的词汇可能和语境紧密相关，因此，人类早期语言象似性占主导地位。只是随着语言系统的发展，约定俗成的现象越来越多，象似性的比重降低了，而任意性的比重增加了。斯捷潘诺夫认为："言语产生的过程，从总体上说，重复着儿童语言发展（个体发生）的过程，而这后者从总体上说又重复着语言的历史发展过程（系统发生）。"（И. Н. Горелов、鲁桓、俞约法，1981）辜正坤

(2004)还提出了"语言文字衍变二极对立双向互进互退律"。他认为,语言的任意性是随着发展而逐渐增加的,而必然性(象似性)则逐渐减少。如图5-2所示:

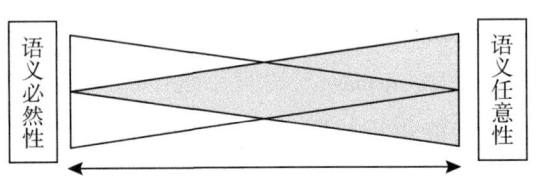

图 5-2 语言文字衍变二极对立双向互进互退律

(引自辜正坤,2004:2)

自从索绪尔提出语言的任意性之后,语言的任意性特性得到了广泛认同,而同时也导致相当长的时期内,语言学研究中对语言象似性特性有意无意的忽视。儿童早期发声状况研究让我们认识到,人类语言产生初期象似性可能占主导地位。因此,象似性其实也是语言的本质属性之一。

第三节 语言意识确立期

一、发声行为特征

一般来说,9—12月龄的婴儿能做出合适反应的事物和动作越来越多,能逐渐建立事物之间的联系。儿童能真正理解成人的部分话语,尤其是针对儿童说的话语。儿童在此期间所做出的合适反应具有稳定的特征,在相同的语境下往往会重现,而且此期间,儿童也非常乐意做出他们能做的合适反应,对于他们刚刚学会的一些动作,比如"拍手""欢迎"之类的小游戏,会反复表演,乐此不疲。对他们来说,这是一种值得自豪的成就。

第三节　语言意识确立期

这一时期儿童表现出来的外显语言特征是，其发出的无意义的声音显著减少，表意意图明显，在儿童表情、动作的配合下，成人更容易推测儿童发声所表达的意义。语言意识确立期结束的重要特征是，儿童发出来的音具备了目标语音位的初步特征，是语言音位体系中的音位了，那些不属于目标语的音段开始从婴儿的声音系统中消失。金颖若、盘晓恩(2002：67)观察到，儿童从10月龄到13月龄，基本没有新音素出现。这一现象从发音的角度讲可以理解为发展停滞期，在语音方面的发展更多地体现在内在的对语音的有意识模仿和发声器官的协调上，发音更接近于目标语中的词。我们观察到，JX在9月龄时就能发出接近于"爸爸""妈妈""爷爷""奶奶"的音。周兢(1994)观察到，儿童到10月龄时，发音以辅音和元音相结合的音节为主，逐步从单音节过渡到重叠多音节。

此期间儿童发声特征是：可发出不同的辅音加元音音节组合，发出的音更加接近汉语的词汇，开始带有重音和声调。总体来看，发声难度大大增加，随着牙齿的发育，开始出现前阶段未出现的辅音，如/q/、/s/、/x/等。这也反映出儿童的言语器官的发育与语言发展的相关性。

在成人语言的诱导下，儿童能模仿发声的词汇越来越多。发声能力的发展表现在能对成人语音进行快速的感知和有意识的模仿。此期间，儿童能做出合适反应的词汇和动作越来越多，不过这些词汇还局限于儿童的认知视野内的人和事物。例如，我们观察到XY在12月龄时，能对以下25个词汇做出合适反应：妈妈、爸爸、奶奶、爷爷、耳朵、鼻子、嘴巴、眼睛、再见、开门、关门、咬人、抱、抱紧、背、趴、捡(捡垃圾)、丢(丢垃圾)、灯、开灯、关灯、钟、鞋、欢迎(拍手)、恭喜发财(拱手)。李宇明(1993)认为，儿童在12月龄时，已经能理解约230个语元(相当于词汇)。

一个有趣的现象是，儿童对身体部位的感知并不是同时完成的，对脚的感知就落后于其他部位。感知身体部位的时间点上，个体间也有很大差异,如 XY 在 15 月龄时才能对有关脚的指令做出合适反应。而 JX 在 11 月龄已经能将相当复杂的两样事物准确地联系在一起,能将电视机的遥控器对着电视机,而将空调遥控器对着空调。这表明她已经能将这两种外形相似、功能接近的事物区分开来。这反映出儿童在认知世界时的个体差异是很大的。

二、象征化联结机制

从心理机制来看,这一阶段,儿童发声的娱乐和表意辅助功能逐渐减弱。从发声控制的角度来看,娱乐性的发声随意性较大,发声难度相对较低。而具有表意意图的发声对发声准确度要求较高,发声难度相对要高一些。同时,从认知机制分析,在这一阶段,由于语言意识已经在儿童大脑中确立,儿童对汉语的音位规则已经开始感知,进而儿童大脑中的监察机制①得到激活,使其开始监控语言活动。监察机制的参与使得儿童开始下意识地修正自己的发声,同时也使得儿童在发声活动方面更为谨慎,导致发声活动的减少。这是这一时期儿童发声现象相对减少的心理机制。

在这一阶段,儿童还要完成将语音单位与语义单位进行象征化联结的心理模式构建这一重要语言发展任务。婴儿是在同成人的交流中,通过成人的诱导和鼓励,逐渐完成语音单位与语义单位结合成象征单位这一语言符号产生过程的。监护人对婴儿的照料使婴儿的所有原始的本能需求都能在第一时间内得到满足,在这一监护人对婴儿的照料过程中,婴儿往往能在同样的语音单位出现时感知到同样的事物。当婴儿通过某

---

① 克拉申的语言学习理论—语言监控模式(Monitor Model)由五个假说组成:the Acquisition Learning Hypothesis, the Natural Order Hypothesis, the Monitor Hypothesis(监察器假说), the Input Hypothesis, the Affective Filter Hypothesis。监察器假说认为,语言学习者在语言学习过程中会运用已经掌握的语言规则,对自己的产出进行下意识的修正和监控,从而减少错误。已经掌握的语言规则在语言运用过程中成为语言监察器(Monitor)。使用已经掌握的语言规则进行监控必须具备三个条件:(1)充足的时间。(2)注意形式。(3)懂得规则。(Krashen, 1985: 80-95)

种反应,比如眼睛的注视显示他已经正确地将这两种单位联系在一起时,总会得到成人的鼓励和赞赏。在实际生活中,我们可以观察到,在成人和儿童的交际中,成人总是通过带有夸张的语调、缓慢的语速等特征的儿向语使得儿童得以感知特定的语音单位,同时用手势指向语义实体或者以语义实体本身在婴儿眼前摇动,以引起儿童对语义实体的注意。成人的这种有意识诱导在婴儿象征单位的形成过程中起到至关重要的作用。婴儿感知到的这种语音单位与语义单位的共现关系使得这种音义联系机制在儿童心理上得到发展和强化,逐渐地,儿童以这种固定的模式——成人发出某个语音单位的同时出现某个事物——进行语音单位和语义单位的结合形成象征单位。在此过程中,成人的动作指引起到了关键的引导作用。可以认为,成人的有意识的指引动作是婴儿将语音单位与语义单位进行正确联系的关键。多次反复成对出现的语音、事物共现关系被婴儿的心理条件反射机制内化为一种稳定的二元心理结构。这就是象征化过程的心理发展机制。这种由语音单位与语义单位构成的二元心理结构构成了语言中的象征单位,从而形成了语言符号的雏形。这是语言符号及其意义在儿童大脑中产生的音物共现象征化联结机制。在下一章中,我们还可以通过具体语例(参见例(88))来验证这一理论。

  在婴儿进行语音单位与语义单位联结的象征化过程中,他们遵循着两条原则:客体整体性原则和相互排除原则。(桑标,2003:185)客体整体性原则指婴儿会将声音单位与某个事物的整体进行联结,而不是与该事物的部分或属性进行联系。事实上,在现实中,成人在婴儿早期对婴儿发出的声音确实是指向事物的整体的,比如成人会说"手",而不会对婴儿说:"这是手指。"因此,应该说是成人给婴儿设置了特定的感知语境,以便让婴儿能更容易地进行正确的象征化联结过程。相互排除原则是指,婴儿相信客体只能有一个称谓,因此,在听到某个新的语音单位时,就会排除那些他们已经完成了象征化联结过程的事物,而将语音单位与新的事物进行联结。这使得婴儿在处理更为复杂的语境,例如有多个事物同时出现的语境时,可以限制联结对象的数量从而有利于正确联结的发生。

语言意识确立期是儿童语言习得过程中很重要的一段时期，是语言意识的巩固和完善期，在儿童语言的发展过程中具有重要作用。儿童的客体永久性发展水平更高，对其认知范围内的事物的相互关系有了初步的认识，由于开始进行音物联结的象征化过程，儿童有了概念的萌芽，因而对成人语言的理解水平也更高。婴儿开始有意识地倾听成人的语言了，由于他们已经意识到了语言这种很有效的工具，他们开始在内心里模仿、积累，因此这一时期是儿童在习得语言时的感知、积累的过程。同时，也为后期的语言产出做好心理上和生理上的最后的准备。经历这一时期之后，儿童语言的发展会加速。儿童的第一个真正意义上的词就要出现了。

在具体行为上，笔者观察到这样一个实例：笔者的女儿 SJ 在一岁时，有一天，笔者牵着她的手准备回家，带她上了一个很小的台阶，上台阶之后她突然又不声不响地拉着我的手转过身来下了台阶。然后又上去、下来，反复了很多次。看着她不停地上上下下，笔者突然明白过来：她是在尝试做一件事情。以前可能都是在大人的抱、拉等外力协助下完成上台阶这个动作的，但这一次她基本上是独立完成这一动作的，爸爸的手只起到了安慰的心理作用。对她来说获得能够自主上下台阶的能力是一个足以值得自豪的成就。儿童在反复做某种动作而达到预期结果的过程中，会产生自我感觉。儿童会感到自己是一个实体，认识到自己是发出动作的主体，并因动作达到预期结果而对自己的能力产生自信心和满足感。(李红、何磊，1999：317) 在语言的发展过程中，在儿童内心深处也存在类似的默默努力的事实存在，只不过我们不容易察觉。第六章中的例 (116) 至例 (118) 可以验证儿童学习语言过程中的自我努力过程。这说明，儿童对母语的习得也并不是像克拉申 (1985) 的习得理论所说的那样完全无意识，相反，存在着有意识的努力过程。

三、语言意识发展的重要性

语言意识的发展对儿童语言的产生是至关重要的。我们认为,要想认知某一事物,必须首先认识到该事物的存在。就像我们要研究原子,首先必须认识到原子的存在一样,否则,虽然该事物是存在的,但不在我们的认知范围之内,也跟不存在没有差别。语言作为一种抽象的声音系统,不像具体的物体那样容易被婴儿所感知。只有当婴儿通过反复的有条件的刺激和诱导,才会慢慢地意识到语言的存在,从而开始语言的习得。

语言意识的建立是语言发展的基础,其重要性还可以从美国著名残疾人作家海伦·凯勒①的故事中得到明示。在1岁7个月时,突如其来的猩红热产生的高烧使海伦·凯勒失明、失聪,成为一个集盲、聋、哑于一身的残疾人,好在其发声能力并未消失。在她染病时,她的语言其实已经开始发展了,但由于染病后失去了语言感知能力,她已经得到初步发展的语言能力也逐渐丧失了。在7岁时通过优秀的残障教育家的耐心教导和自己艰辛的努力,她重新获得了部分语言能力,重新学会了说话。海伦·凯勒的自传对这一过程进行了详细的描述,其中一个很重要的过程是海伦·凯勒将"water(水)"这个拼写与世界上的"水"这种物质联系起来的过程。在教授这个词时,她的老师在她的手掌上一个一个字母地写:w,a,t,e,r,然后在她的手掌上倒水。这一过程重复了多次。突然,海伦·凯勒明白了,"water"这个词的拼写与"水"这种物质存在对应的关系。从这一联结关系中,她认识到,世界上的各种事物在语言中都有一个名称。从此,她的语言学习速度大大加快。

海伦·凯勒重获语言能力的过程可以让我们认识到建立能指与所指之间的联系是认知语言现象的起点和语言发展的前提条件。她的经历也可以使我们认识到,认识能指与所指之间的联系其实并不是一件很简单

---

① 海伦·凯勒学习语言的初期经历. http://baike.baidu.com/view/3751.htm.

的事情，只是生理正常的人通常感受不到而已，因为这些感知过程对他们而言是"理所当然"的。其实，中间的过程并不像我们所认为的那么简单。海伦·凯勒的故事说明，语言意识的确立和发展对儿童语言发展有着极其重要的作用。

第六章 范畴关系确立期

从儿童清晰地发出真正表义明确的词的那一刻起，儿童语言发展进入范畴关系确立期。第一个词出现的时间个体间差异较大。以往的研究表明，男孩往往要比女孩晚 6 个月左右。但即使是女孩，个体之间的差异也很大。我们观察了两个女孩，JX 早至 9 月龄就出现了第一个词，而 XY 的第一个词出现在 1 岁 4 个月时。综合来看，1 岁是大多数儿童开始外显词汇的时间点。到 3 岁左右，儿童语言有初步内化迹象，但内化程度还不足以让儿童摆脱外显动作的辅助。在 1—3 岁期间，动作的语言功能逐步减弱，儿童言语的语境独立性大大增加。但同后续发展阶段相比，动作的表意作用仍然很重要，成为将这一阶段与后一阶段区分开来的依据之一。组块分析表明，1—3 岁是儿童语言显性特征的快速发展期，以 0.5 岁为年龄段间隔，各个年龄段之间的语言水平呈显著差异。因此，将 1—3 岁作为儿童语言发展的一个发展阶段，有语言事实为基础。

在 1:0—3:0 时龄，儿童对更多的语言形式，包括发声难度更大的音位和简单的句法结构进行感知、习得，基本完成对音位系统的习得并建立起汉语最核心的范畴体系。此阶段初期，儿童习得的范畴大多呈现显著的离散性(Ungerer, Schmid, 2001：76)，经过不断的扩展、运用，逐步建立起范畴间的关系网络，完成对汉语语言单位关系中的范畴关系的掌握，形成汉语表达的核心能力。在此阶段，儿童的认知跨度相对较小，以范畴为主；到后期，跨度逐渐扩大到简单的事件。因此我们将这一阶段称为范畴关系确立期。

第一节　语音的发展特征

婴儿第一次说话的时间与婴儿生理发展状况密切相关。研究表明，在 12—15 个月之间，大脑中在言语的运动成分中起重要作用的 Broca 区的左口面部分树突激增；同时，由于小脑齿状核树突的广泛生长，小脑容量也得以增大。研究者认为，基于"表征物体的知觉图式存储于大脑右半球而词汇结构表征位于左半球"的假设，大脑的功能性成熟将大大提高大脑左、右半球之间的信息传输效率，使大脑能够将知觉图式与词汇表征相整合，从而帮助儿童在看见物体时能正确地构音发声。(卢英俊、施莹，2009：42)可见，从 12 个月开始，儿童的语音感知能力在生理上得到强化。此期间儿童发出的词汇在语音上仍然与成人存在一定的差异，在音段与超音段层面都有表现。影响儿童发声的限制因素仍然是生理上的发育状况，而促进因素主要是成人的诱导性儿向语输入。此阶段，儿童的言语成为理解儿童意图的一种指示性线索，比起前一阶段的指示性身体语言来，已经是很大的飞跃了，使得其表达意图更容易被理解。1 岁时，儿童在语音上还只能发出少数音位，往往只有监护人才能理解；到 3 岁时在发音上达到可理解的水平，也就是说，监护人之外的人也能很容易理解儿童的言语了。

一、音位缺失与缺陷

儿童对音位的获得是逐步的。李嵬、祝华(2000)研究表明，普通话儿童语音习得的顺序可以概括为：声调>音节尾辅音/元音>音节首辅音(>表示早于)。因此，在语言外显的初期，相当多的音位是处于缺失状态的。此外，音位的外显并不意味着音位的习得，发音不完善是 1—3 岁儿童中普遍存在的现象。例如：

(64)(被试问妈妈)谁呀？谁咬奶奶的屁屁呀？老五(鼠)咬奶奶的

屁屁，我知道。(2;0)(乐守红，2009)

例(64)中，被试说的"老五"是"老鼠"的不完善发音形式。司玉英(2006:4)统计了儿童2—5岁的语音错误比例。其统计结果如表6-1所示：

表6-1　　　　2—5岁儿童不同年龄段语音错误率

年龄段	2;0—3;0	3;1—4;0	4;1—5;0
错误率	42.10%	18.39%	10.94%

(引自司玉英，2006:4)

可见，儿童的发音是逐步完善的。儿童语音错误既有辅音错误，也有元音错误。袁园(2009)将1—3岁儿童声母偏误类型分为四类：替换、同化、脱落、增音。语音表达不完善与儿童发声器官发育状况有关，同时也与儿童语言发展水平有关。值得注意的是，虽然儿童在发某些音位时可能发音不准，但他们的辨音能力已经完善了，还会纠正成人的发音错误①。这表明，尽管儿童外显的音位可能存在错误，儿童大脑中的语音表象是以目标语中的语音表象存在的，而不是他们自己所发的(错误的)语音表象(李宇明，2004:79-80)。

二、语音串分解错误

这一时期，有些儿童会出现语音串分解错误的现象。例如：

(65)JX(坐在妈妈腿上)：/shang mi miao/(1;6)

---

① 李宇明(2004:79)根据Berko和Brown的研究将这种现象称为"fis现象"，指在需要说fish的场合下，在成人模仿儿童的错误发音fis时，儿童会用自己的错误发音去纠正成人的发音。

经过仔细观察，发现 JX 在此期间，每次坐到妈妈腿上时都会说/shang mi miao/。因此，她实际上想表达的是"上面"，结果将两个词分解成了三个词的发音。到 1 岁 8 个月时，她就发出"上面"的正确发音了。这一现象的发生有可能是因为韵母/ian/的发声难度要大于/iao/。英语儿童也会出现类似情况，例如将"go out lumbering"中的"out"和"lumbering"的部分音位进行组合，得到"tlumbering"的现象。（李宇明，2004：72）语音串分解错误的现象直到接近 3 岁时仍然会发生。例如：

(66) 妈妈：妈妈给你找首歌听好不好？
　　A：首歌在哪儿？（2:0）（A 误把"首歌"当成一个名词）（刘颖，2009）
(67) 妈妈：在沙发上没法玩，快下来。
　　A：法玩法玩。（2:6）（刘颖，2009）
(68) A：妈妈拿书，妈妈抱着拿。（让妈妈抱着自己去窗台拿书）
　　妈妈：抱着没法拿。
　　A：法拿。（2:9）（刘颖，2009）

在例(66)中，儿童 A 把两个象征单位"首"和"歌"感知为一个象征单位了。在例(67)和例(68)中，儿童 A 可能是将象征单位"没法"离析为两个了，也有另外一种可能，即儿童 A 参照"有"和"没有"的语义关系，将"没法"和"法"进行了语义对立，从而将"法"单独作为一个象征单位来使用。上述语例表明，儿童 A 在近 3 岁时仍然存在语音串分解错误现象，说明这一现象的存在是长期的。事实上，即使是成人，在听到不熟悉的语音串（比如跨行业的专业术语）时，仍然可能发生语音串错误分解现象，其发生可能与作为认知对象的范畴的抽象度有关。上述语例中儿童发生分解错误的范畴由于没有具象的所指，导致儿童在音义联结过程中发生困难。司玉英（2006：11）还记录了一种有趣的儿童语音串分解错误：被试 2:3 月龄时，在看到大肚弥勒佛的画像时总喜欢说

"大皮肚",即使在成人反复教他说"大肚皮"后也是如此。这种音序颠倒现象的出现可能和这两种音位组合所需要的发声负担存在差异有关。从发声过程的唇形变化来看,"大皮肚"的三个元音分别是扁唇音、扁唇音、圆唇音,其唇形变化过程是扁—扁—圆;而"大肚皮"的三个元音分别是扁唇音、圆唇音、扁唇音,其唇形变化过程是扁—圆—扁。比较两种音位组合唇形的变化过程,不难发现,"大肚皮"组合的唇形变化的幅度和复杂度更大,其发声难度要高于"大皮肚"[①]。也就是说,"大皮肚"的发声负担要小于"大肚皮"。可见,儿童的这种音位换位现象有其生理机制,符合语言经济性原则,其发生不是偶然的。

三、超音段语音成分的习得

随着儿童的模仿能力逐渐增强,他们会经常学着大人的腔调说话从而逐步掌握了各种超音段语音成分的运用。例如:

(69)妈妈:(被 JX 吵烦了,生气地吼)不要吵了。
　　JX:(不紧不慢地用外婆的沙市口音说)咿呀,/he/(吓)死个人的!(1:9)
(70)XY:(想喝水了)要喝。(妈妈没理会她,提高嗓门)要喝水!(1:12)

在例(69)中,1 岁 9 个月的儿童能说出如此复杂的言语,是令人吃惊的。但我们认为,儿童对这句话的理解仍然值得怀疑。该儿童很可能是将这个句子作为整体进行模仿和运用的。在例(70)中,儿童对于音高的运用已经很熟练了。

---

① 英语中的音位组合 klasp 是可能的,但 lkaps 就不可能。语言学用响音阶理论(Sonority Scale)来解释这种音位组合现象。参见:胡壮麟. 语言学教程[M]. 北京:北京大学出版社,2001:70. 笔者认为,汉语儿童中的这种音位换位现象同英语中的音位组合规律在发声机理上有类似的地方。

四、语音串辨别超前性

同语言意识确立期儿童对范畴语义的理解先于表达现象不同的是,在儿童语言发展到一定程度后,开始出现语音表达先于语义理解的现象。我们观察到,在1岁5个月走亲戚时,JX会在妈妈提示下说"拜年""新年好"。对"拜年""新年"这样复杂的概念,显而易见,此时儿童是难以理解的。因此,此时儿童发出的这些语音串只是对成人语音串的机械模仿。儿童对这些概念真实语义的理解程度是不确定的。随着对声音有意识运用的增加,儿童对声音的控制越来越熟练。具体表现为,此时儿童认知事物的速度加快,辨别音位以及准确模仿成人发声的能力增强。例如,我们观察到,XY在1岁5个月时,能即时学会的词除了沙堆、盆、土豆、辣椒等日常生活中常见的事物外,还包括棕榈树、冬青树、搅拌机、龙门吊、变压器等不常见事物,能识别的事物超过200个。语音串辨别超前性的显性表现是儿童在本阶段后期,开始用问句形式对一些听到的新范畴提出问题。例如:

(71)被试:什么叫"欢乐"呀?(3:0)(孔令达、陈长辉,1999)
(72)被试:什么是"皇上驾到"呀?(3:0)(同上)

在儿童达到3岁时,成人同儿童言语时很少使用指示性的动作。可以看出,儿童已经能够对一定语境下的具象范畴轻松地进行象征化过程。但对一些日常生活中难以接触到的具象或抽象范畴虽然难以理解其本质属性,但能即时掌握其语音单位。这表明儿童已经摆脱了表象的束缚,具备脱离事物外形特征掌握语音的基本能力,辨音和发音能力都出现了飞跃。

五、自主造词现象

我们观察到,JX在1岁10个月时用/tamei/指代所有想说但不知怎么表达的东西。当 JX 知道某事物的正确说法后她就不会再用/tamei/去指代,但再遇到她说不出的事物仍然会沿用/tamei/来指代,这表明这一语音单位对她来说是有固定含义的范畴而不是无意识的声音片段。

(73)JX:(吃过火腿肠,想再吃,但是不知道怎么表达,指着火腿肠)/tamei tamei/。(1:10)

如果我们将儿童的叠词、拟声词等语言现象综合起来看,儿童的自主造词现象是相当普遍的,这表明儿童语言发展不仅受儿向语等因素的外在影响,儿童自身的内在因素对语言的发展有很大影响。

第二节 范畴独立外显期

在 1:0 至 1:9 时龄期间,儿童外显的范畴大多具有直观可视、显著的离散性特征,相互之间也缺乏联结关系,因此儿童语言发展处于范畴独立外显期。在这一阶段,儿童完成对一定数量的象征单位的心理储存。随着儿童发声器官的发育,在成人的诱导下,一些发声难度不高的象征单位通过儿童的发声得到外显。初期的外显范畴大多是在成人设置的语境下,在成人的诱导下通过简单对话的形式进行外显的。言语多以成人提供的语境为诱发因素,自主性发声较少。

在此阶段初期,儿童能外显的范畴数量较少。到此阶段后期,开始出现自主性言语并逐渐增多,表达欲望逐渐增强。在 1:9 时龄左右,范畴间的关系开始显现,言语表现为词的组合,这表明,儿童已经开始表达范畴间的关系了。儿童语言发展进入新的阶段。在范畴独立外显期,儿童语言呈现以下几种显著特征:语义模糊性、语境依赖性、范畴专指化与泛指化、音义误联现象。

一、语义模糊性

从 1 岁左右开始,随着儿童活动范围的扩大和活动形式的增多,儿童在言语表达上出现了各种表达需要和表达欲望。总体上看,儿童此时能外显的范畴大大小于其心理词库中已经形成的象征单位(概念),因此,总的特征是对象征单位的初步理解先于对象征单位语音上的外显。此期间,由于能外显的范畴数少于需要表达的范畴数,儿童往往通过同一个范畴在不同语境下表达多种功能和意义,导致此阶段儿童语言的最显著特征是语义模糊性。例如:

(74)JX:(指着娃娃,大声说):"妈妈妈妈。"(1:2)
(75)取样者问:爸爸到合肥去干什么?
　　被试说:妈妈。(指去合肥看妈妈)(1:2)(孔令达,2004:4)
(76)(被试在婴儿车上伸开双臂要妈妈抱,喊)妈妈。(1:10)(同上)
(77)(取样人问被试手里拿的是谁的鞋,被试说)妈妈。(1:2)(同上)

在例(74)中 JX 用"妈妈"代替想要的东西,起到命名的功能。在例(75)和例(77)中,被试用"妈妈"来说明某个事实,具备说明功能。在例(76)中,"妈妈"则表达出祈使意义。语义模糊性产生的根本原因是此期间儿童掌握的外显词汇数量极为有限,但活动空间的增大导致表达需求和意愿急剧增加。这种矛盾从某种程度上推动儿童外显词汇数量的增加。可以看出,此阶段儿童语言中词义具有不确定性。

分析例(74)中的"妈妈"的发音,还可以发现儿童语音发展的路径。从发音机制的角度来看,音位/m/是汉语中最容易发的音,基本上在自然状态下不需要付出太多努力就可以发出。同音位/m/相比,音位/w/需要更多的发声肌肉的协调配合,以做出正确的唇形,保持必要的紧张度,这都增加了发声的难度。如果儿童要表达的是"wawa"的音,那么,这一个例子中的/m/也许可以看作由/m/向/w/转化的中介音。语义模糊性还意味着兼类现象的出现。例如,魏锦虹(2002)观察到,被试K最初常用"呜哇"专指汽车,属事体性范畴,不久又用这一汽车行进时发出的声音特性来表达汽车行进时的动态,属行为类范畴。

二、语境依赖性

语境依赖性是指儿童外显范畴的意义只能依赖于说话时的语境并结合儿童的动作来推断,常常与成人语言中该词的约定意义不一致的现象。如上述几例中"妈妈"一词的意义必须依赖于儿童说话时的语境来推断。又如:

(78)(被试看见妈妈的鞋子说)妈妈鞋鞋。(1:4)(周国光,2004:8)

(79)(吃饭时爸爸喂,被试说)宝宝喂。(意思是自己吃饭)(1:6)(周国光,2004:11)

例(78)中的"妈妈鞋鞋"的意义并不确定,由于儿童是在看到妈妈的鞋子时说的这句话,成人推断,儿童要表达的意义可能是"这是妈妈的鞋子",在另外的语境下,也有可能是"妈妈,我的鞋掉了""我妈妈有这样的鞋"等意义。而在例(79)中,"喂"所表达的意思则与成人语言中的意义大相径庭。如果不是在吃饭的语境下,成人很难判断出儿童想要表达的意义。

三、范畴专指化与泛指化

与语境依赖性密切相关的其他特性是范畴专指化与泛指化。这一时期,儿童即使能准确地说出某个象征单位(词,下同),并不能表明他已经掌握了这个词的准确意义。此时儿童对这个词的理解可能仅限于词的某项或者少数义素(范畴属性)或语义特征,对词汇的语义特征掌握不完整。此时期儿童语言中的范畴往往特指特定的事物和人,表现出语义上的专指化。杜映(2003)观察到,儿童玢玢在爸爸妈妈外出上班时,会跟爸爸妈妈说"拜拜",但当爸爸妈妈带着她外出时,她却不会和家人说"拜拜"。可见,儿童初期的外显词汇往往是和某个特定的人物、动作和场合联系在一起的,表现出强烈的特指性。杜映(2003)还观察到,儿童玢玢最初说的"姐姐"只指照顾她的一个女孩,而不会用来称呼其他比她大的小女孩。这表明,此时儿童对所外显出来的范畴往往只描述了该范畴的某个或某些特征,儿童对该范畴的心理表征还只停留在该认知对象的外在表象上,儿童还不能抓住范畴的本质属性,因而不具备概括性。甚至到快3岁时,儿童对有些范畴仍然是专指的。例如:

(80)(妈妈在路上碰到女同事,要XY喊姨妈,XY不肯喊)
　　XY:她不是姨妈。(2:9)

这表明,到此时,"姨妈"这一范畴对XY来说仍然是特指的。

泛指化指儿童把某些仅仅具有少数共同特征的范畴用同一外显范畴表达的现象,也就是将范畴的外延扩大化。李宇明(2004:125)将此一时期儿童词义表征特点概括为:泛化、窄化和特化①。范畴的专指化、泛指化与李宇明所说的词义窄化、泛化有相似之处。泛指化现象在事体范畴、行为和性状范畴都会有所体现。我们观察到,XY在1岁11个月时学会了发"黄豆"一词。但看到绿豆时也会说"黄豆"。这表明XY将

---

① 词义泛化指儿童将词语的指称外延扩大到目标语指称以外的范围,如将所有东西泡在水里的状况称为"洗澡"。词义窄化是指儿童将词语的外延指称缩小,如将"妈妈"窄化为自己的妈妈。词义特化是指儿童将词汇的外延指称进行自我定义而与该词目标语中的外延指称完全不同的现象。如儿童将人们欢迎时发出的"欢迎"声与欢迎时手中挥舞的红旗联系在一起,将"欢迎"的外延特定为红旗。(李宇明,2004:125-128)笔者认为,从认知过程来看,语义特化与泛化、窄化的心理过程是不一样的。语义特化类似于本研究中的音义误联。

圆形的可以食用的事物都定义为黄豆,她还没有把握成人赋予豆类属性的其他语义特征,以及通过颜色、功能等进行的范畴离散方法。行为范畴泛指化的语例如:

(81)妈妈:(见到水牛在水里)水牛在干什么?
　　XY:洗澡。(1:11)

我们还观察到,XY在1岁12个月时,坐在车上见到山、荷叶、禾苗等往后移动的现象说:"山跑了""荷叶跑了""禾苗跑了"。而在同一时期,在学会了"坏"字后,就有如下的运用:

(82)XY:(见到奶奶杀死的鸡躺在地上)鸡坏了。(1:12)
(83)XY:(姨妈把剪好的布料用缝纫机给XY缝裤裤)裤裤坏了。(1:12)
(84)XY:(墙上的一张娃娃图画眼看就要掉下来了)娃娃坏了。(1:12)
(85)XY:(见到阿姨正在修缝纫机)缝纫机坏了。(1:12)

专指化与泛指化有共同的认知机制,都是由儿童此时期认知的特点决定的。此时期,儿童的认知范围还相当小,对目标范畴的认知过程不够长,因而缺乏对这些范畴的各种属性的感知机会。这导致儿童对目标词的认知深度不够。从语义成分构成来分析,范畴专指化与泛指化现象都是由于儿童对范畴的语义成分(范畴属性)掌握不足造成的。从概念化过程的角度看,是由于儿童在对该概念的概念化过程中对范畴概念的限制参数设置不够形成的。

四、音义误联现象

儿童在外显象征单位的过程中,会发生象征单位内部的音义误联现象,也就是儿童将语音单位与错误的语义单位进行联结形成错误的象征单位。音义误联现象具体表现在儿童对有些日常不常说的声音(语音单位)通过成人教授或者儿童自我感知后能正确发音,但对语音和事物的联系不正确①。这也是此期间儿童语言中常常发生的现象。例如:

(86)妈妈:萱,吃饭好不好?

　　JX:好。(但妈妈喂饭时摇头,不吃)(1;2)

(87)妈妈:听不听歌?

　　JX:听。(1;2)

例(86)表明,JX此时对范畴"好"所表达的意义还未完全掌握,她表达的"好"并不是语言系统中的语义。也就是说,把/hao/这一语音单位与该错误的语义单位"不好"形成了错误的联结关系。例(87)也可能存在类似情况,但其反应是否正确不如例(86)那么容易判断。

音义误联现象的产生有其心理机制。一方面,由于此期间儿童对成人声音的模仿能力大大提高,很多场合下,儿童的发声是对成人语言中的信息焦点(句尾焦点)的无意识的机械性重复和模仿。在这种情况下,儿童能发出某个词的语音单位,但并不能表明儿童真正理解了这个词的语义单位(意义和用途)。这导致儿童语言中存在(在目标语意义上)表达出来的意义和儿童想表达的意义不一致的情况。尤其是在回答提问时表现特别明显。李宇明(1991:174)把儿童回答反复问句和选择问句时倾向于把后一个疑问项目作为答案而不顾实际情况究竟是什么样子的现象称为"接尾策略"。我们认为,儿童的接尾策略不仅仅体现在问句方面,在其他语境下也会存在,儿童提取句尾信息焦点进行模仿和重复是普遍现象。从心理过程来看,最后出现的语音串在儿童大脑中留下的痕

---

① 李宇明称这种现象为词义特化(2004:127)。本研究认为,用"音义误联"这一术语能更好地表达出这种现象发生的心理机制。

迹要大于先前出现的语音串,因此,儿童更容易重复和模仿句尾焦点信息。

在本阶段,儿童已经发展出"语音串意识"(awareness of phonological strains),儿童已经具备忽视意义而只注重言语的语音形式的能力。从语言感知器官的角度来看,对形式的注意不需要结构内容的独立表征(语义)的参与就能发生。(姜涛、彭聃龄,1996:2)音义误联现象表明儿童对语音的听辨能力已经发展到很高水平。这种现象在相当长的时期内都会存在。例如:

(88)(妈妈前一天指着爸爸的胡子教JX说"胡子",第二天JX指着妈妈的下巴)

JX:胡子。(1:8)

(89)K:(外公买来蛋糕)吃"生日快乐"喽!(2:1)(魏锦虹,2002:66)

这两个语例让我们可以更容易理解音义误联现象产生的深层心理机制。认知语言学认为,从认知的过程来看,人类对自然现象和事物的范畴化要经历很复杂的心理操作过程。(Ungerer, Schmid, 2001:6)范畴化过程可以分为三个阶段:

1. 刺激的选择。范畴化的起点是知觉感知。知觉系统所感知的刺激中,有一小部分会被我们的认知系统选择来进行进一步的处理。

2. 鉴别和分类。主体通过对比所选择的刺激和储存于记忆中的相关知识来对感知对象进行鉴别和分类。

3. 命名。如果需要或者可能,主体会通过自己的经验来对感知到的、鉴别和分类后的事物进行命名。

对这一范畴化的心理过程的分析可以很好地解释儿童语言中的语音单位与语义单位偏移的音义误联现象。在感知客观世界的过程中,通过视觉器官感知事物的存在本身并不难,但要将成人所说的一长串语音符号中的某一个与该语音符号所指的事物联系起来，对此一时期的儿童来说还是存在一定困难。尤其是在成人的指引动作存在两种以上的可能时或者在儿童自我感知的时候语境提供的线索不足以使其正确注意语义单位时，儿童就容易将语音单位与错误的语义单位进行连接，而导致音义的偏移。

例(88)中，JX对"胡子"的语音单位huzi进行了正确的感知。在该例中，妈妈手指的方向有多种可能：胡子、下巴、鼻子、脸等。但儿童在此时已经习得了"鼻子"和"脸"，自然就会根据相互排除原则而排除在外。剩下的两个可能的所指中，相比胡子，下巴由于具有更大的面积，可感知性更强，很显然更容易被感知，所以，JX把她所感知的语音单位huzi与错误的语义单位"下巴"联系起来而形成了错误的象征单位【下巴/huzi】。而在例(89)中，K对shengrikuaile这个语音单位的感知是自主完成的，是在某个场合看到有人吃"蛋糕"前说shengrikuaile，就将"蛋糕"这个语义单位与shengrikuaile这个语音单位联系在一起而形成错误的象征单位【蛋糕/shengrikuaile】。从这两个例子也可以验证音物共现象征化假说对儿童词义产生过程的解释力。

通过音义误联现象形成的象征单位具有较强的稳定性，成人的纠正并不能使儿童很快改正。例如，魏锦虹(2002：66)观察到，直到2；4时龄，也就是在该音义误联现象发生3个月后，K才不情愿地把她喜欢的"生日快乐"叫作"蛋糕"，又过了一段时间，K才将"生日快乐"感知为两个词。这反映出象征单位形成后的整体性特征，语音单位与语义单位之间的联系是非常紧密的。同时，这也反映出儿童象征关系的形成过程主要依赖于儿童与环境的主动交互作用，在象征关系的形成过程中，儿童是占主导地位的，成人的语言教授只能起到辅助性的次要作用。

第三节　范畴网络联结期

我们观察到，XY在1岁4个月时可以区分手和手指了。JX到1岁

6个月时，对人的分类逐步精密化，能根据外貌、年龄区分陌生人，看见年轻漂亮的女子大声叫"阿姨"，看见老一点的喊"奶奶"。XY 在1:11时龄能分清左、右了，可以区分左手、右手、左脚、右脚、左耳朵、右耳朵。这表明儿童对周围事物的范畴化开始深化，从基本层次①范畴向上位范畴和下位范畴扩展而形成各种范畴网络。大致上，从1:9时龄起，儿童进入范畴网络联结期。这一阶段，儿童外显词语的速度大大加快，从前期的每月3个左右快速增加到20个左右，呈现词语爆发式增长的特征。有研究表明，儿童在1:6—1:9时龄期间，掌握的词汇量为51个；从1:9—2:0时龄则快速增加到139个（转引自李宇明，2004：95）。另一方面，在掌握新词的同时，此期间儿童语言发展的另一个重要任务是对前期掌握的范畴理解的深化。儿童语言同前期相比，语义更明确，语境独立性逐渐增强；不再是按照成人的预期和思路应答，有时候所作回答出乎成人意料之外，表现出语言反抗性特征；词的组合成为常态，不再是偶然现象。词的组合成为句法结构的起点。本阶段儿童语言发展的主要特征有以下几点。

一、语言自主性

儿童语言发展到这一阶段，他们对日常生活中的常见范畴已基本掌握，对一些熟悉的事物不再反应。这表明儿童对一些以前觉得新奇的事物已经开始不屑一顾了，认为是理所当然的。这表明儿童对于世界的认识已经初步形成体系，朴素理论出现了。

发展心理学认为，儿童在尚未接触正式的科学教育前，已经通过自己的认知系统对周围的世界形成了一定的直觉认识，其后会构建一套自

---

① Ungerer, Schmid (2001：68-72) 认为，基本层次是以最小的认知努力而能取得关于某一物体最大信息的范畴层面，给世界上的事物提供了数量最多的可理解相关信息，或者说，提供了数量最多的相互联系的属性集束。完成对世界上事物的范畴化是一种很困难的任务，而带有原型的基本层次范畴是完成这一任务的必需工具。

我构建的内部理论来解释周围的事物和现象,并以儿童自己的方式建构着他们对客观世界的认识。这些认识具有"理论"的性质与特点。获得这些知识对儿童解决特定领域内的问题、进行认知活动具有重大而普遍的影响。这些知识的组织具有理论的基本性质,即具有系统性的特点,同时又属于一种非正式的朴素的"理论",因此,被称为朴素理论(Naive Theory)。儿童特定领域的朴素理论包括:儿童已经认知形成的该特殊领域的认知对象集合(范畴);儿童已经形成的对该领域的因果原则集;一套内部关联的、可以用来对各种客观现象进行(儿童认为的)一致性解释的知识体系。(亢蓉、方富熹,2005:53;鄢超云,2003a)朴素理论是与科学理论、成熟的理论、正规的理论相对而言的,也有人译为天真理论。

朴素理论对儿童语言的发展有很大的影响。它使得儿童完成对世界的初始化系统构建,从而能够使得他们可以按照自己的方式了解事物、预测未来并制订行动计划。儿童的朴素理论可以增加儿童对周围世界的信心,降低对事物不确定性的惶恐感。研究发现,2;6—3;0时龄的幼儿已经能够自觉地运用朴素理论对日常生活中的事件进行描述和解释。例如:

(90)(取样人把笔藏起来,被试找不到,说)老猫拿去了。(2;0)
　　 (周国光,1997:33)
(91)(被试看书)大狮子是黄黄的头发,小马是绿绿的头发。狮子和小马不一样。(2;0)(乐守红,2009)
(92)(被试指着昨天坐过的石头说)我们昨天晚上骑大马。("晚上"实际上是下午。)(2;5)(周国光,1998)
(93)XY:(妈妈回家了。XY醒来后问姥姥)我的妈妈呢?
　　 姥姥:妈妈给XY买炸薯条去了。(过了一会儿)你的妈妈回枣阳去了。
　　 XY:不,妈妈给我买东西去了。(2;11)

上述例子中，儿童按照自己的一套体系对时间以及周围的事物作出了自己的解释，这显示出儿童已经开始用朴素理论来理解和解释周围的事物和现象。儿童朴素理论的发展水平可以较为明显地反映到儿童的行为上。如果儿童对某一现象的判断处于随机水平，表明儿童在这一方面尚未建立理论。如果儿童总是作出某种判断（预测、解释等），就表明儿童在这一方面具有了理论体系。因为他们是根据理论进行预测、解释的，具有了一致性。（鄢超云，2003a；2003b）我们可以根据儿童朴素理论的这一特点，从儿童表达出来的言语中分析其心理状态，发现其语言认知水平。同时我们要认识到，儿童在观察客观世界时，有一套他们自己的对事物命名的方法和对现象的解释方法。朴素理论可以让我们更全面地认识儿童语言现象。由于在相当长的时期内，儿童都处于朴素理论的影响之下，因此，朴素理论在解释儿童语言方面具有普遍的解释力。

在儿童的朴素理论初步形成后，儿童的语言也开始表现出语境独立性、自主性，他们的言语不再需要成人为他们设置语境，提供生成言语的参考范畴。例如：

(94)JX：（走累了抱着妈妈的腿）妈妈抱。(1;6)
(95)JX：（看到窗外下雨）下雨。(1;6)

这些语例表明，儿童在这一阶段已经可以自主产生言语，语言反抗性也随之出现。例如：

(96)妈妈：萱，妈妈问你"你最喜欢谁"，你就说你最喜欢妈妈啊！
　　妈妈：萱，你最喜欢谁呀？
　　JX：（拍着自己的胸脯）我！(1;6)

例(96)显示出儿童的语言反抗意识和自主意识。逐步地，儿童言语开始摆脱成人的引导，表现出独立自主的特性。例如：

(97) JX：（想玩电脑，拉着爸爸）开电脑。(1:6)

(98) XY：（妈妈带 XY 出去玩，突然说）妈妈辛苦了。(2:0)

(99) XY：（在和妈妈看植物时突然说）妈妈，我想吃炸薯条。(2:10)

皮亚杰认为，儿童在 18 个月至 2 岁期间，习得思考不出现于当前情景中的客体和时间的能力（桑标，2004：120），也就是出现语言的位移特征。我们的观察结果是一致的。例如：

(100) XY（在家看见蒜瓣）：姥姥有。（姥姥家外墙上挂满了蒜瓣）(1:11)

(101) XY（看见画画书上的坦克）：弟弟有。（弟弟有坦克玩具）(1:11)

这两例表明，XY 在 1 岁 11 个月时已经能将眼前的事物与以前见到的事物联系起来，能够脱离现实语境了。位移特征的出现标志着儿童抽象思维能力的萌芽。

到本阶段的末期，儿童对自然现象的认知逐渐加深，相应地，儿童语言开始出现词的自主组合现象，也就是说，儿童能主动进行词组的组合，而不是对成人语言的回应或者模仿。儿童可以叙述过去发生的事情、预测将来的状态，并出现对多个事件的描述。例如：

(102) XY：昨天关抽屉手挤了，疼，我哭了，好伤心！(2:10)

(103) 妈妈：奶奶回老家去了。

　　　 XY：奶奶过两天会回来的。(2:10)

(104) XY：（描述事件的先后）先洗手，再吃馍馍。(2:10)

语言自主性的更高级形式是儿童主动通过语言来感知世界，而不再是被动地从成人那里接受，他们开始自主选择感知对象。例如：

(105) XY：（在超市门口，指着游戏机问）那是什么？(2:3)
　　　妈妈：（认为游戏机像山羊）是山羊。
　　　XY：（认为更像小白兔）小白兔。(2:3)
(106) XY：（看到妈妈不高兴）妈妈，怎么了？(2:10)
(107) 什么叫"欢乐"呀？(3:0)（孔令达、陈长辉，1999）

二、范畴内涵理解深化

在这一期间，儿童语言除了在能够外显的范畴数量上的显性发展之外，其语言的隐性发展开始有所显现，这表现在儿童对范畴内涵或者本质属性的认知由简单到全面，儿童对所掌握的范畴的内涵理解逐步深化。为了分析儿童对范畴内涵认知深化的扩展模式，我们对人类观察客观世界的认知活动进行进一步分析。大致上，人类的认知活动可以分为两类：静态事件与动态事件。动态事件又可以分为自动动作和他动动作两类①。在实际动作之外，主体还可能通过致动和意动赋予客体临时性的动作性特征。（王力，1980：373-379）当然，在大脑内部还会进行臆想（假设），但臆想仍然是以主体所经验的现实世界为基础进行的。人类对静态和动态两类事物的感知方式是不同的。对处于静态和动态的事物分别通过总括扫描和次第扫描的方式进行感知（弗里德里希·温格瑞尔等，

---

① 贾红霞(2009：38)将运动事件分为两类：自移运动（spontaneous motion）和致移运动（caused motion）。自移运动是指一个生命体自发地进行空间位置变化的运动，如"他走进一家商店"。致移运动指的是施事（通常是有生命的）致使其他实体（通常是无生命的）进行空间位置变化的运动，如"我把杯子放在桌子上"。参见：贾红霞.普通话儿童空间范畴表达发展的个案研究[D].中国社会科学院研究生院，2009.

2006:220),认知的结果则分别以状态性范畴和动作过程性范畴表征在语言中。为了更直观地表述这两种范畴的认知模式,我们将王寅(2005)的事件域认知模型进行了细化,对其中的事体与行为进行进一步分析,可以得到如下两种认知模型(见图6-1、图6-2):

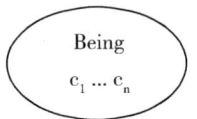　　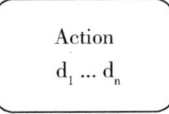

图6-1　静态事件的认知模型　　　图6-2　动态事件的认知模型

图6-1表示主体对静态事件的认知模型,其中,Being表示主体感知到的事件中的事体,$c_1…c_n$表示主体感知到该事体有1…n个属性。图6-2表示主体感知到的事件中的行为Action,$d_1…d_n$表示主体感知到该行为有1…n个特征。事体所带有的属性或者行为带有的特征,表现在外显的范畴中就是该范畴的内涵,表现在语义上就是词汇的各个义素(语义特征)。

随着儿童认知的发展,他们认识到更多类型的范畴,如事体类、行为类范畴之外的性状类范畴、时空类范畴等,这些范畴其实有着共同的构成模式。因此,各种类型的范畴(象征单位)的认知模型都可以用一个模型来表达(见图6-3):

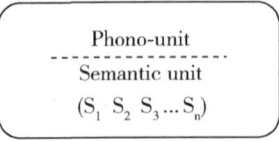

图6-3　一个完整象征单位的构成模型

图6-3中,虚线方框表示该象征单位的内容是可以扩展的,表达出象征单位的不确定性和可扩容性。完整的象征单位的构成成分包括

Phono-unit(语音单位)与 Semantic unit(语义单位)两极,两者构成象征单位的一体两面。S 表示义素(Sememe①)。语义单位由多个义素构成。这是儿童在完成范畴的象征化过程后以语言形式在大脑中的范畴表征形式。

随着儿童经历相同认知事件的次数增多,儿童对该范畴的属性把握得越来越全面。我们可以得到儿童对范畴属性认知的深化模型(见图6-4):

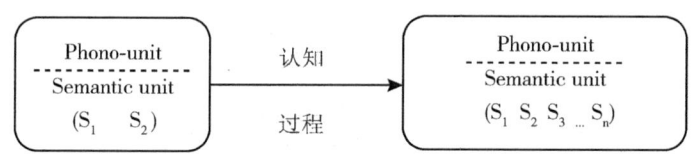

儿童对范畴属性把握的最初状况　　儿童对范畴属性把握的发展状况

图 6-4　儿童对范畴属性掌握状况的发展模型

在该模型中,左边的范畴图表示儿童对某范畴属性把握的最初状况。此时,儿童还只能把握该范畴的一至两种或者少数本质属性;右边的范畴图表示经过一段时间的持续认知过程后,儿童对该范畴本质属性把握的数量增多,对该范畴认知越来越全面。该模型可以很好地解释儿童在范畴关系确立期中出现的多种语言现象。

以范畴专指化与泛指化为例。这两种现象有着共同的心理机制,都是由于儿童对于范畴的内在属性、特征或者被称为限制性参数的认知还不够而导致的。以"洗澡"这个行为范畴为例,它至少必须包含以下几种特征:D_1:行为主体是动物,尤其是哺乳动物;D_2:采用特定的动作;D_3:在特定的地方;D_4:以清洁身体为目的;D_5:用大量的水冲

---

① Sememe 是瑞典语言学家诺伦(Noren)于 1908 年首创的一个概念。不同的语言学家有不同的解释。布龙菲尔德用它指一个最小的形式 morpheme 的意义。兰姆既用它来指多义词的一个义项,也指一个义项的语义成分以及与此相联系的语义分类等级。参见:徐通锵. 语义句法刍议——语言的结构基础和语法研究的方法论初探[J]. 语言教学与研究,1991(3):40.

洗或者浸泡在有水的容器中。以下几个语例可以看出儿童最初感知"洗澡"范畴属性的状况:

(108) 妈妈:(晚上睡觉前)XY,走,睡觉去。
　　　XY:洗澡。(意思是"洗澡了再去睡觉")
　　　XY:(洗澡时自言自语)洗手,洗脸,洗脚,洗头。(1:11)
(109) 妈妈(和被试玩积木):把积木收起来吧。(妈妈收积木)
　　　李璐月(把积木又扔出去):洗澡。
　　　妈妈:在这里面洗澡呀。这是玩具箱,不是澡盆。(1:11)
　　　(CHILDES)
(110) (见到水牛在水里)
　　　妈妈:水牛在干什么?
　　　XY:洗澡。(1:11)

例(108)反映出儿童将"洗澡"作为睡觉前的一个活动。例(109)反映出该儿童还只掌握了"洗澡"范畴的第 5 条属性中的一部分:"浸泡在……中"。例(110)中儿童 XY 所说的"洗澡"也仅仅包含了第 1 条和第 5 条属性。我们可以对儿童 XY 和李璐月对"洗澡"范畴属性的最初掌握状况用图示来表示(如图 6-5 所示):

$$\boxed{\begin{array}{c}\text{洗澡}\\ D_1\ D_2\ D_3\ D_4\ \mathbf{D_5}\end{array}}\qquad \boxed{\begin{array}{c}\text{泡}\\ \mathbf{D_1}\ \ D_2\end{array}}$$

图 6-5　儿童 XY 和李璐月对"洗澡"("泡")范畴属性的初始掌握状况

左图中,实心的 D_5 表示儿童 XY 和李璐月已经掌握的属性,空心的 D_1、D_2、D_3、D_4 表示儿童还没有掌握的属性。

另一个行为范畴"泡"的属性特征可能包含以下几条:D_1:浸泡在

有水的容器中或者有水的地方；D_2：行为主体是动物；可用于非生命事物(受事)。两个行为范畴的属性有部分重合的地方："洗澡"范畴中的属性 D_5 和"泡"范畴中的 D_1 部分相似。右图显示的是儿童 XY 观察到的水牛在水中、李璐月观察到的积木在玩具箱中时的感知结果。

此时，由于儿童 XY 和李璐月还没有感知到范畴"泡"的语音单位 pao，而她们发现水牛在水中、游戏中积木在玩具箱中的状态和洗澡时的状态有相同之处，于是就自然地用"洗澡"这个范畴的语音单位 xizao 来表达她们观察到的客观现象，也就是说，此时她们说的"洗澡"实际上表达的是"泡"的意思。这就是"洗澡"范畴泛指化的心理机制。这些语例还表明，儿童对所有外显的范畴都有程度不等的理解，理解是外显的基础，范畴的外显是检测儿童理解水平的一种参照。

随着儿童对某个范畴属性认知的深化，他们逐渐可以将该范畴与其他类似范畴区分开来了。例如：

(111)(洗澡时)妈妈：你睡在盆里。

　　XY：你说错了，不是"睡"，是"坐"。(2:11)

(112)(喝牛奶时)妈妈：你赶快吃(牛奶)。

　　XY：不是"吃"，是"喝"。(2:11)

(113)妈妈：爸爸是啤酒肚，你是不是啤酒肚啊？

　　XY：我不是啤酒肚，我是牛奶肚。(2:12)

这几个语例可以清楚地反映儿童对几组相似范畴的区分能力。其中，例(113)还反映出该儿童具有很强的语言创新能力。

三、范畴网络的联结

随着儿童习得的范畴数量的扩大以及对范畴内涵理解的扩展，儿童逐渐将相互关联的一些词汇进行各种联系，形成范畴网络。例如，我们观察到，从 1:8 时龄起，JX 开始频繁地使用人称指示词了，如"你"

"我"。但刚开始的时候，JX 常将这两个词搞混。JX 在习得"你""我"之后的 2 个月左右时间里，仍然会出现错用的情况。在 1:10 时龄开始使用"他(她)"。为了分析儿童习得代词的路径，我们从语料库中收集了一些相关语料。例如：

(114) 取样人：谁在喝水呢？

　　被试：张雨昕。

　　取样人(教给她说)：我。

　　取样人：谁在喝水？

　　被试：我。

　　(外面传来汪汪的狗叫声)取样人：谁在汪汪叫？

　　被试：我。(1:3)(张兴峰、吴卫东，2007)

(115) 取样人(要锴锴手中的笔)：给我。

　　锴锴(不愿意给，也说)：给我。(1:8)(陈长辉，1998)

(116) JX(想要妈妈给她儿童面霜，指着儿童面霜)给你，给你。

　　妈妈：给我，给我，你指自己应该是"我"呀。(1:8)

(117) (例(116)发生两个星期后，JX 想要妈妈给她拿儿童面霜)

　　JX：给你，给你。

　　JX(妈妈没理她，JX 停了一会儿，想了想)：给我，给我！(1:8)

(118) JX：妈妈，讲故事给你听。(实际上是 JX 想妈妈讲故事给她听)

　　妈妈：讲给谁听啊？

　　JX：讲给我听。(1:10)

(119) JX：(和爸爸在一起玩，似乎自言自语地说)我是 JX，你是爸爸，她是奶奶，她是妈妈。(说的同时用手指向各个人)。(1:11)

(120) 被试的姐姐问母亲："什么时候带我出去？"

　　被试：带我出去。(1:9)(吴天敏、许政援，1979：163)

(121) 被试：(对别人说) 爸爸喜欢你。(此处"你"应为"我") (1:12) (ibid)

(122) 被试：给我梳子梳头，你买我也买。(1:12) (ibid)

这些例子结合在一起，清晰地表明了儿童对人称代词"你""我"的掌握过程。例(114)显示 JX 对"你""我"两个词仍然不能完全正确使用，但只要成人稍微提示一下，就可以自我纠正了，已经接近完全掌握了。可见，儿童对词汇的习得是要经历一个过程的。

我们可以从例(119)清晰地看出，儿童习得词汇并不是杂乱无章的，而是按照一定的语义场将相关词汇进行有机联系，形成范畴网络的。从这个例子还可以看出，儿童实际上是有意识地在学习语言①。他们在语言上所取得的每一个进步都是他们值得自豪的成就。这也导致语言上的炫耀心理和行为，当他们能说出新的言语时，他们大多会很乐意向成人展示他们的语言能力，希望得到他人的赞扬和认可。相反地，在语言实践失败时，就会表现出挫折感。例如：

(123) 取样人：JX，耶(伸出两个指头)，你不会做吧！
   JX (尝试做该动作，失败后，瘪嘴，随即大哭) (1:4)

而在 3 岁以后，言语炫耀行为在大多数儿童中消失。这表明，对 3 岁的儿童来说，语言能力已经成为理所当然的事情，不再是值得炫耀的能力了。

同时，例(117)还表明，语言监察机制在大脑中确实存在。例

---

① 这一语例对克拉申提出的母语习得说提出了否定的新证据。克拉申的母语习得理论认为，儿童在习得母语的过程中，是无意识地习得的，不需要经过有意识的努力。这一语例表明，儿童在习得母语过程中仍然存在有意识的努力过程。实际上，儿童很多时候的自言自语很可能就是他们的一种学习语言的自我努力过程的表现，可能是在自我练习某个语言规则项目。

(120)、例(121)说明，儿童有时说出了一些新的语音单位(在这里，新的语音单位为 wo)，但并不能说明他们真的理解和掌握了这些词。例如，例(120)中的"我"只是儿童对信息焦点的机械重复和模仿。虽然儿童发出了 wo 的语音单位，但并没有掌握"我"的语义单位，还未完成【我/wo】象征单位的联结过程。这表明，儿童最初是按照自己的体系对能发出声音的词汇进行理解的，在发现自己的体系和成人不同后才逐渐进行修正，向成人语言体系发展。

掌握代词是一个困难的过程，这与运用代词需要的心理运算能力有关。(周国光，2004)要正确运用代词，就必须能够进行复杂的抽象和概括，就要把过去已经形成的直称方式抛弃，代之以新的具有时空相对性的代词系统。直称是指直接使用名词指示人的语言现象。与名词的使用相比，人称代词的使用在心理机制上要复杂得多。首先，人称代词的使用必须建立在自我意识确立的基础上，只有自我意识确立之后，才能开始区分"我"和其他人。其次，人称代词的使用必须建立在正确使用直称的基础上。儿童直称的使用出现于 1:6 时龄之前。周国光认为，出现于 1:4 时龄左右。(周国光，2004:287)最重要的是，同直称名词的初级符号化抽象过程相比，人称代词是对某一类认知客体(直称名词)的再次符号化抽象过程。在确立前述两项基础能力之后，儿童还需要完成再次符号化的心理操作能力的发展才能完成人称代词的正确使用。除了儿童的语言能力基础之外，人称代词还涉及空间距离的远近以及说话人之间的即时言语关系。尤其是"你"和"我"，儿童是最容易混淆的。因为这一对代词有明显的时空相对性。在言语过程中，说话人双方都可以称呼对方为"你"，称自己为"我"，同直称的直接使用方法相比，增加了一道心理转换的操作过程，儿童必须能够理解和计算"你""我"的使用条件。这对言语过程中儿童的思维速度和维度提出了更高的要求，从而增加了认知负担和语言难度。

但是，人称代词的使用对于儿童语言的发展具有重要意义，使儿童得以认识到语言交际中的最小赋码原则。也就是说，说话人在编码过程中，应该尽量减少信息的"体积"（语音串长度）以减轻听话人的解码认知负担。从言语理解的角度看，人称代词语流串占用的时间比直称名词要少，因此言语难度和发声负担减少，但由于其更为抽象、更为符号化，加快了信息交流速度。因此，人称代词的使用使得儿童学会了语言使用中的一个重要技巧：语音串紧缩。通过人称代词的习得，儿童学会了用更少的语音流表达等量信息的原则和技能。语音串紧缩实际上是一种符号化抽象过程。从这个意义上看，人称代词的正确使用是儿童在今后理解各种数学符号的基础，是儿童抽象思维能力的具体表现。

人称代词除了本义之外，还有特殊用法。宋会鸽（2009：44）指出，"你"除了实指说话人的用法外，还有指说话人自己、泛指任何人等虚指性非常规用法。儿童语言中"你"的非常规用法还比较少见，我们只发现一例：

(124)（被试见一警察路过，说）解放军抓坏蛋，哪个小孩子不听话，就把你抓起来。（周国光，2004：291）

这里，"你"是一种虚指，并不是"你"的典型意义，出现了非常规用法的萌芽。人称代词的虚指用法涉及更为复杂的表达者与接受者的心理过程和心理结构（张春泉，2005：107），因此是更为复杂的用法，是在说话人熟练掌握语言后的一种技巧性运用，涉及词汇的文学词义，需要更长的时间才能掌握这种用法。从认知的角度看，这是一种非范畴化①的

---

① 范畴化理论认为，范畴化是人类最重要的认知能力之一，其基本作用是从差异中找出相似，从多个个体之中找出不同的共性特征，以便给事物行为或形状等进行必要的分类，从而减轻认知过程中的认知负担，实现认知经济原则。但是在人类认知世界的整个过程中，既有从个别到一般的范畴化认知过程，又包含从一般到个别的非范畴化认知过程。非范畴化体现了人的认识的深化和创造性。（刘正光，2007：Ⅸ；2-3）

过程,是从"你"的常规用法,也就是典型用法,向非常规用法,也就是临时性用法的转化。这一认知及转换过程使得儿童的认知对象经历了从简单到复杂、从身边到远方、从即时到非即时的过程。这些认知对象的复杂化使得儿童语言具备了更强的表达潜势。

第四节 儿童语言策略的发展

在语言的发展过程中,儿童会自觉地使用多种语言策略。儿童语言策略指儿童在习得和运用语言过程中,为了达到学习或交际目的而采用的各种策略。李宇明(1998)提出 P 施事策略、NP 指示策略、择尾策略、肯定性策略、同化策略等来解释儿童问句理解的特点;周国光(1997,1999)提出了运用模仿、结构模仿、实词替换、替换、扩展、联结、句法同化等手段来揭示儿童语言习得的规律。我们认为,儿童习得语言与运用语言的策略是密不可分、互为因果的一体两面。典型的儿童语言策略包括以下几种。

一、生疏范畴回避策略

在"你""我"的习得过程中,我们还观察到,JX 在察觉自己经常把这两个词用错之后,在 1 岁 10 个月时开始采取回避这两个词的交际策略。在指自己时就用名字代替自己,如"给 JX 啦!JX 回来了!"从而回避自己容易用错的词。这表明,儿童在很早就开始采用语言策略了。又如:

(125) JX:(指着书架)床前明月光。
　　妈妈:(拿出《唐诗三百首》)是这个吗?
　　JX:(很高兴)是,是。(1;9)
(126)(看完电视,意犹未尽的 K 兴奋地对刚踏进家门的爸爸说)
　　"你看见'白龙马,蹄朝西'没有呀?"(用"白龙马,蹄朝西"

指称动画片《西游记》)(1:8)(魏锦虹,2002)
(127)JX:(晚上妈妈哄JX睡觉,JX扭扭屁股说)"妈妈哄JX,妈妈哄屁股!"(她想表达的是"拍屁股")(1:10)
(128)(吃饭时爸爸喂饭,被试说)宝宝喂。(意思是自己吃)(1:6)
(周国光,2004:11)
(129)XY:(在篮球场玩,见到篮球架倒了)妈妈,那个东西(篮球架)倒了。是谁弄倒的啊?(2:11)

在这几个例子中,儿童都很聪明地运用了回避策略。在例(125)中,JX通过动作、用物体的部分来代替整体的策略达到交际目的。而在例(127)、例(128)、例(129)中,儿童分别回避了生疏范畴"拍(屁股)""自己吃"和"篮球架"。这些语例还表明,在运用回避策略的过程中,儿童往往会使用动作与线索词相结合的方法。动作缩小了语言所指的范围,而线索词则能进一步缩小所指的范围,使得听话人能快速、准确地理解儿童的所指。

二、替换策略

替换策略指儿童在习得汉语的过程中,运用新的词素、句法成分构建新词、新句法结构,达到交际目的的策略,是儿童常用的一种范畴与句法学习和运用策略。例如:

(130)妈妈:(晚上睡觉前)XY,走,睡觉去。
　　　XY:洗澡。(意思是"洗澡了再去睡觉")
　　　(洗澡时自言自语)洗手,洗脸,洗脚,洗头。(1:11)
(131)妈妈(指着消防栓说):消防栓在白杨树旁边。
　　　XY:菊花旁边有只大公鸡。(2:3)
　　　(此后,XY就会在其他场合运用,如"睡妈妈旁边")
(132)XY:(在喝南山牌奶粉的时候,自言自语)南山,厉山,还

有完达山。(这些带有"山"字的词是XY在电视广告里听过的一些词)(2;11)

(133) 妈妈：爸爸是啤酒肚，你是不是啤酒肚啊？

XY：我不是啤酒肚，我是牛奶肚。(2;12)

通过替换练习，儿童快速地增加和巩固词汇量，并显示出对句法组成成分的离析能力，从而逐步提高句法结构能力。

三、猜测策略

猜测策略是儿童通过语境对接触到的新词语进行自主解释的策略。由于儿童已经具备了一定的现实的和虚拟的生活经验和语言能力，经验使儿童形成了通过语境猜测新词的语义、通过已知语素猜测新词语义的心理机制。猜测策略的运用表明儿童具备了初步的语言概括能力，能自主对新范畴，包括对抽象范畴进行概念化的能力。例如：

(134) (K在复述《白雪公主》的故事时使用过"无辜"一词，语境使她对该词作出了一种猜测性理解，即"无辜就是可怜"。在广场见到一个小女孩在哭，对妈妈说)

K：看那小姐姐多无辜。(3;0)（魏锦虹，2005b）

(135) A (妈妈给揉背时自问自答)：为什么互相揉揉？

A：妈妈给你揉揉，你给妈妈揉揉，这就是互相揉揉。(2;9)

（刘颖，2009①）

在这两个语例中，儿童对抽象的性状范畴"无辜"以及动状范畴"互相"进行了自我解释。这种自我解释的猜测策略使得他们的语言理解能

---

① 在本例中，正确的问句表达形式为"什么叫/是互相揉揉"。此时A还未掌握这种格式，就以"为什么"代替。（引自刘颖，2009）这也是运用生疏范畴回避策略的一个例子。

力发生了质的飞跃。从此，他们可以抛开客观事物纷繁复杂的表象，而通过抽象的语言符号及模式本身来学习语言了。这使得他们的语言学习效率大为提高。

以上是通过语境猜测词义。除此之外，儿童还会运用已知语素猜测新词语义的技巧。例如：

(136) 妈妈：安静是什么意思？
　　　K：安静就是不说话，听老师讲课。(3:0)(魏锦虹，2005b)
(137) 妈妈：半天是什么意思？
　　　K：半天就是一只老鹰飞呀飞，飞到半天。(3:0)(魏锦虹，2005b)
(138) 妈妈：爱人是什么意思？
　　　K：爱人就是喜欢的人。
　　　妈妈：妈妈的爱人是谁呢？
　　　K：妈妈的爱人就是我。(3:0)(魏锦虹，2005b)

在上述几个语例中，K已经具备一定的语素离散能力。她通过对已知语素语义的简单相加，对一些新词的语义进行猜测。魏锦虹(2005b)称这种策略为语素相加策略，并认为这一策略对同义语素构成的联合型词语如"美好""寒冷""帮助""爱护"等的习得是很有效的一种策略。尽管他们运用这种策略有时候会出现错误，但会在后续的语言实践中逐步纠正。

四、句法扩展策略

句法能力的发展是儿童语言发展的核心问题。关于句法发展的机制，有多种理论。乔姆斯基和勒纳伯格等语言习得先天论者强调儿童先天禀赋在语言发展中的作用，否定环境和后天学习对语言习得的影响；行为主义者斯金纳认为儿童语言发展是一系列刺激—反应的结果，把语言习得看作行为习惯的形成，儿童是通过对成人语言的机械模仿来学习语言的;以皮亚杰为代表的相互作用论者强调儿童语言只是人类大脑一般认知能力的一个方面,以句法结构发展为核心的语言发展源自认知结构的发展,认知结构的形成和发展是儿童与环境相互作用的结果。相互作用论对儿童语言发展过程有很强的解释力,其缺陷是在强调认知发展对语言发展起决定作用的同时,忽视了儿童语言的后续发展对认知发展的反作用。20世纪80年代兴起的联结主义理论是相互作用论的发展,该理论试图用先天基础结合后天学习的机制来解释儿童句法规则习得,其缺陷是没有解释清楚先天基础与后天环境相互作用的具体过程。(王永德,2001)这些理论从不同方面在不同程度上解释了儿童语言发展中的不同现象。

王永德(2001:6)综合众多学者的研究后认为,"语言是人类大脑特有的分析、综合机能在儿童与包括其他人在内的环境相互作用中,在认知发展基础上,通过选择性模仿、内隐学习等手段发展起来的"。儿童语言发展源于认知,但儿童在掌握语言后,语言发展反过来促进认知发展。不仅如此,由于元语言能力的获得,语言自身也会按照一定的规律发展。我们认为是有道理的。但这种在认知基础上形成的句法能力发展机制的具体内容到底是怎样的呢?

有学者对认知发展对句法发展的作用提出质疑。Bloom指出,英语儿童在双词句阶段从来不说"Big he""Hot it",而说"Big dogs""Hot coffee",或者"He big""It hot"。他从这种现象得出结论说,名词和代词指向同一意义范畴,但儿童在将形容词与名词和代词组合成句时的顺序却截然不同,说明儿童的句子不仅仅由意义决定,认知发展不能完全解释语言发展。(转引自郭培方,1999:55)在这里,郭培方所说的意义应该指词汇的所指。我们认为,这种看法是将词汇的所指作为整体来看待的,未将范畴属性的多重性考虑进去。

如果分析词汇的语义成分的形成过程的话,就会发现,汉语儿童句法的发展其实是和认知密切相关的。也就是说,儿童在感知这些范畴时,句法结构特征已经作为一种语义特征(范畴的属性)被儿童感知到。

因此，虽然儿童似乎显得会自主安排句法，但实际上句法结构能力还是由认知决定的。

徐通锵先生提出的语义句法理论可以更好地为解释汉语儿童句法形成过程提供理论基础。徐通锵（1991）认为，语言是现实的一种编码体系，现实的特征都会在语言中得到这样或那样的反映。语言的编码方式对语言的结构有深刻的影响。汉语为直接编码型语言①，它以临摹性原则为编码原则，句法成分的次序平行于实际的经验或认知的顺序，直接反映现实的特征和思维的特征；从结构类型和句法结构基础来看，汉语是语义型语言，注重语序；以思维的顺序为基础，根据思维流来安排句法单位的排列顺序，语序与思维流完全自然地合拍。（徐通锵，1991；周国光，1997：28）

我们认为，徐通锵先生等人的研究很好地解释了汉语词型及句法的本质特征，引导我们以临摹性原则为基础去开展汉语的句法结构研究；将徐通锵先生的语义句法理论结合范畴的象征化过程，可以很好地揭示汉语儿童的句法发展过程。根据语义句法理论，汉语句法是客观现实在儿童大脑中的映射；句法中的核心范畴在句子中的次序是客观事件中儿童感知到该范畴的自然顺序；但一些辅助性范畴如时间、处所、方式等在句子中的语序则是在长期的进化中逐步形成的，具有很强的任意性和规定性。从范畴化的过程来看，儿童在范畴的象征化过程中，作为象征化结果的象征单位中的语义单位本身就包含句法特征属性，S_1 S_2 S_3…

---

① 印欧系语言从"（音位）对立项的选择"到"码"（能独立使用的概念、范畴，在语言上为词汇）需要分两步实现：第一步先编出半成品——语素，它不能直接用于交际，第二步把语素组合成词，实现对现实的编码。（英语中也有相当多的词汇是一步到位的，但这类编码—表义一步到位的词汇只占很小的比例。）从"（音位）对立项的选择"到交际中能独立使用的"码"（范畴、词汇），汉语是直接的，一次实现；英语等印欧系语言是间接的，分步骤实现。因此，汉语为直接编码型语言，英语等为间接编码型语言。（括号中的内容为笔者注。）参见：徐通锵.语义句法刍议——语言的结构基础和语法研究的方法论初探[J].语言教学与研究，1991（3）：49.

S_n中的某一个或者某一些就是来表征句法特征属性的。儿童感知范畴的句法特征属性的途径有两个：一是客观世界中的范畴间的关系；二是通过对成人的语言输入进行句法分解得到的。由于儿童按照感知到的客观事件中的各个范畴本身就包括句法结构特征，因此儿童根据其句法结构特征，按照客观事件中各个范畴的自然顺序在语言中进行自然排序，就形成了汉语的句法结构。这就是汉语儿童句法结构产生的句法映射机制。从认知的角度看，如果把认知跨度从范畴扩大到事件，可以认为，句法结构是一种扩大了的范畴，儿童的句法构建过程就是范畴象征化过程的自然延伸和扩展。

第五节　动作的作用

在婴儿时期，游戏中的各种动作对儿童客体永久性感知的发展是不可缺少的。由于同一个动作总是引起同一个结果，这种经验促进婴儿认识到前因后果的因果关系。随着儿童年龄的增长，感知的环境也越来越复杂。与此相适应，一些动作也具有了新的意义，并不局限于完成某种操作，而是具备了某种符号性意义。儿童的动作在儿童掌握各种抽象概念（如数字和语言）的过程中发挥着非常重要的中介作用。(李红、何磊，2003：317)。刘街生(1999)的研究表明，在回答既可以用语言回答，也可以用说明性身势回答的问题时，不同年龄组的儿童运用身势语的比例显示出很大差异(见表6-2)。

表6-2　　　　　　　不同年龄组儿童身势语反应比例

年龄组(岁:月)	1:6	2:0	2:6	3:0	4:0	5:0
语言反应方式(%)	0	5	38	14	50	50
身势反应方式(%)	80	40	27	3	5	5
语言身势协同方式(%)	20	55	35	83	45	45

(引自刘街生,1999:567)

第五节 动作的作用

刘街生认为，1岁半以前，身势反应是最基本的反应方式，身势类副语言从表意功能上看大于语言。在1岁半到3岁这段时期，身势类副语言与语言的作用并驾齐驱。语言起指示作用，很多情况下身势类副语言仍是表达信息的焦点所在。3岁以后，语言逐渐成为表达信息的主要工具，身势类副语言成为语言表达的辅助手段。（刘街生，1999：567）因此，动作在不同时期在表意上的作用的差异也成为划分儿童语言发展阶段的指标之一。廖慧（2006：11）综合前人的研究，将手势区别为指向手势、符号化手势。指向化手势具有甄别和明确具体和抽象物体的作用，符号化手势则具备更强的语义表达作用。手势与词结合的语义关系分为加强语义关系、解除歧义关系、补充语义关系。我们观察到儿童的动作主要有两种作用：标引功能和标签功能。由于语料记录中关于动作的记录往往很粗略，动作的其他功能难以发现。

一、标引功能

标引功能指儿童通过手势等动作，标示自己的所指，并引导听话人感知该所指的现象。例如：

(139) 被试：（地上有几个球，被试在圈椅中指着其中一个大球要取样人拿）要球，要这个球。（取样人有意拿了一个小的）不要这个球，要这个球。（继续指着大球）要大球。（取样人又换了另一个小的）不是这个，是这个。（2:0）（李向农，1991）

(140) JX：（在大便后指着自己的眉毛）"妈妈，眉毛，眉毛！"
妈妈：（没有听懂，后来看到粪便的形状，再看她指着自己的眉毛，明白她的意思了）这个像眉毛啊。（1:8）

这两个例子表明，动作在此阶段的儿童语言中仍然起着关键性的标引作用。一个有趣的问题是：语言中的比喻是不是从例(140)中儿童JX

的这种用法演变而来的呢？

(141) 取样人：（玩具小白兔在板凳上）小白兔在凳子上，还是在桌子上？
被试：（手指着板凳）在桌子上。（2:0）（刘街生，1999：567）

例(141)表明，理解早期儿童语言时，儿童的动作等说明性身势有很重要的作用，往往比儿童语言本身还要重要。刘街生的研究表明，动作在儿童语言的发展过程中的作用是随着年龄的增长而减低的。这与我们的实际观察是一致的。3岁以后，随着动作的内化，伴随儿童语言的表意性动作大为减少。

二、标签功能

动作在儿童语言中还有另外一种作用：儿童把动作作为人或事物的一种属性来给人或事物归类、"贴标签"。由于动作所具有的强烈刺激功能，这种通过给人和事物"贴标签"的方法大大减轻了儿童的记忆认知负担，增强了儿童的记忆效果。我们称之为动作的标签功能。例如，我们观察到，JX通过动作记住很多人和事。在1:6—1:9时龄之间，在成人说到打太极拳时，她就会说"沙市奶奶"；说到"红旗飘飘"，她就会提及"舅奶奶"；说到"四奶奶"，她就会拍拍她的小胳膊、小腿，做四奶奶教她的动作。从中我们可以窥视到儿童记忆事物的一些线索，他们的记忆方式是有规律的而不是随机的。

第七章　事件域关系构建期

从定量研究的角度看，从统计分析结果（见第四章）可知，根据各个年龄段组块总数、复句数、错误数以及复合组块数四种语言发展的显性指数，在3—5岁年龄段，儿童语言的发展处于稳定发展期。而定性研究表明，大致上从3岁起，儿童的语言成为主要的表意手段，动作在语言学习和表达过程中都退居次要地位。随着动作的逐步内化，儿童的元语言学习能力也快速发展起来，使得儿童的语言学习效率出现质的飞跃。同时，随着儿童认知能力的增强，认知跨度增大，从范畴域扩大到事件域，事件成为儿童感知客观世界的认知单位。儿童语言的表达内容也逐步由事物（事件）的可视的、外在的等具象特征逐渐转向内在固有特性，有从事物属性特征向事件关系属性特征发展的趋势。（李甦等，2002：283）语言表达从范畴间的关系发展到事物间的关系。综合定量研究和定性研究，可以认为，3—5岁期间，汉语儿童语言发展处于事件域关系构建期。

第一节　语言发展总特征

一、语音发展状况

到3岁时，儿童的语音发展已经较为完备。根据国内学者刘兆吉等的研究，4岁儿童声母的发音正确率城市儿童已达97%，农村儿童已达74%。（引自李宇明，2004：76-77）到5—6岁，大部分儿童的发音已经比较清晰、准确,语音偏误只在少数儿童的言语中出现。此时,方言的影响成为产生语音偏误的主要原因。(崔荣辉,2009:52)也就是说,儿童的语音偏误很大程度上并不是由于语音能力的欠缺而引起的。可见,儿童的语音感知和表达能力在本阶段逐步达到目标语的水平。

二、元语言学习能力的发展

元语言①(metalanguage)学习能力是指儿童通过汉语学习汉语的能力。韩礼德(2007:317)提出过"通过语言学习"(learning through language)的概念,但他说的学习是指儿童通过语言来实现对客观世界的建构(construction),与本研究的概念有所差异。儿童发展出通过语言学习语言的能力是在3岁左右。在3岁时,儿童具备了较完备的语音感知能力,因此能即时地从一长串语音串中离析出新的语音单位。由于抽象的范畴缺乏儿童可以感知到的语义单位线索,于是儿童开始通过语言而不是猜测来快速确定语义单位。这种通过语言来建立语音单位与语义单位之间象征关系的方式比此前的音义共现象征化机制更为快捷有效,从而使得儿童能更有效地形成正确的象征单位。例如:

(142)什么叫"欢乐"呀?(3:0)(孔令达、陈长辉,1999)

(143)什么是"皇上驾到"呀?(3:0)(孔令达、陈长辉,1999)

(144)什么叫"可口"呀?(3:5)(孔令达等,2004)

通过成人的示范性解释等语言实践活动,儿童逐步模仿、形成对抽

---

① 元语言,又称"纯理语言""符号语言",与"对象语言"相对。元语言指描写和分析某种语言所使用的一种语言或符号集合。用汉语来说明英语,英语是对象语言,汉语是元语言;用英语来说明英语,英语既是对象语言,又是元语言。在辞书编纂和语言教学中用于释义的语句称元语言;在语言研究中为描写和分析语言成分特征使用的一套符号和术语,如[±Noun]([±名词])、[±Abstract]([±抽象]、[±Animate]([±有生命])等,也属元语言。参见:苏新春.元语言研究的三种理解及释义型元语言研究评述[J].江西师范大学学报,2003(6):1.

象概念的解释方法，逐步建立起对抽象概念的解释能力。他们最初是通过对事物、事件的可视特征进行描述的，概括的程度依然不够。例如：

(145)取样人：什么叫听话？
　　　被试：听话就是不打人。(4;0)(孔令达等，2004)

在通过语言对抽象概念性范畴进行探寻和解释之外，儿童还会通过语言探索新的事物。例如：

(146)除了电冰箱，还有什么是冰的？(4;6)(陈勇，2006)

元语言学习能力的发展是儿童语言学习能力提高的倍增器，也是将此期儿童汉语发展与前一阶段区别开来的重要依据之一。与通过实物、动作与语义单位的共现关系来习得概念和事物相比，元语言学习的效率更高。这使得他们的语言得以更快地发展。

三、从朴素世界向科学世界的转向

3—4岁是幼儿心理理论发展的重要时期。(亢蓉、方富熹，2005：56)到3岁时，儿童朴素理论框架已经基本形成。他们会依据朴素理论，用一套在他们看来"合理的""万物有灵"的理论来解释、预测生活中的事物和现象。例如：

(147)取样人：太阳为什么下山？
　　　被试：太阳要睡觉。(3;0)(潘世松，2004)
(148)取样人：墙上的钟为什么摆动？
　　　被试：钟生气了，在摇头。(3;0)(潘世松，2004)
(149)XY：妈妈，不要踩了校园里的草，它们会哭的。(4;5)

逐步地，儿童开始使用一些看起来有科学依据的理论来解释某些现象，儿童对客观世界的认识从而开始逐渐向科学世界转向。例如：

(150)（天突然刮起冷风）叶页（很兴奋，迎着风说）：我要试试风的凉度。哈哈，我是风的体温表。(4:0)（郑荔，2009）

(151)被试：不倒翁底下有一大铁，所以呢，他就不倒。(4:6)（胡承佼，2004）

在这两例中，儿童已经摆脱了朴素理论的影响，从语言到解释事件所用的理论原理都具备了科学的特征。

四、语言错误状况

根据对各个年龄段儿童语言中的错误的统计结果，总体上看，同前一阶段相比，3—5岁儿童语言中的错误大幅度下降，已经处于稳定的低水平，但三种类型的错误的发展趋势不同（见表7-1和图7-1）。

表7-1 各个年龄段不同类型的错误数及其在错误总数中的百分比一览表

年龄段（岁）	错误总数（个）	词汇错误		句法错误		语义错误	
		数量（个）	百分比（%）	数量（个）	百分比（%）	数量（个）	百分比（%）
1—1.5	134.4	30.4	22	52.0	39	52.0	39
1.5—2	54.5	23.1	42	10.7	20	20.7	38
2—2.5	61.9	21.2	34	16.8	27	23.9	39
2.5—3	22.0	4.6	21	7.3	33	10.1	46
3—3.5	35.2	9.4	27	12.5	35	13.3	38
3.5—4	20.3	5.3	26	5.3	26	9.7	48
4—4.5	23.6	4.9	21	6.9	29	11.8	50
4.5—5	25.2	2.8	11	11.2	44	11.2	44

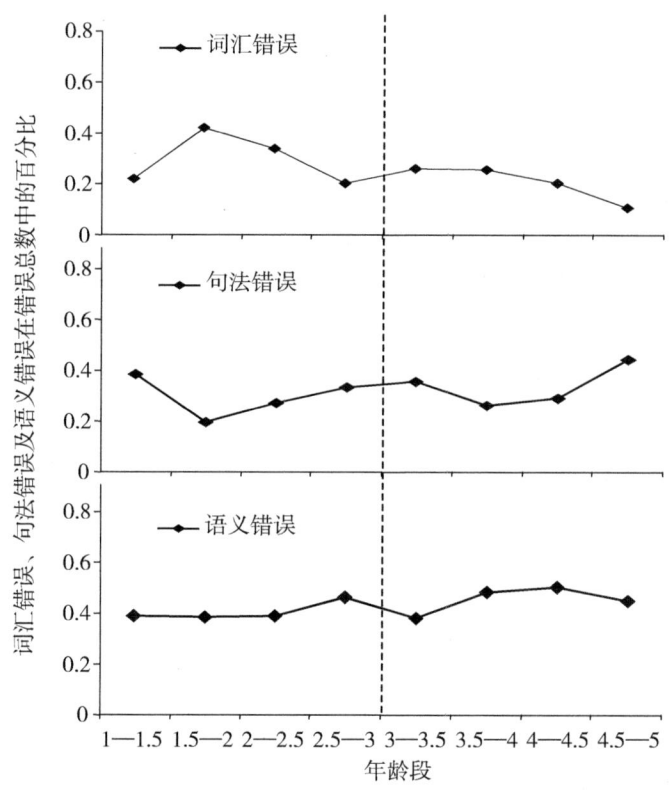

图 7-1 各个年龄段词汇、句法及语义错误在错误总数中的百分比变化对比

从图 7-1 可以看出，不同年龄段的词汇、句法、语义三类错误在错误总数中的百分比变化显示，词汇方面的错误呈整体下降的趋势，从 3 岁起，保持在 30% 以下，到 4.5—5 岁年龄段，词汇错误的比例下降到 11%。下降幅度达 50% 以上。而句法错误和语义错误维持在高位，变化幅度不大，甚至略有上升。这表明，在 3—5 岁年龄段，儿童的语言错误中简单的显性错误趋于减少，而不容易发现的隐性错误则呈稳定状态。可见，儿童对范畴的掌握日趋准确、全面，但对范畴、事件之间的关系依然存在理解和表达上的缺陷和困难。

此期间，儿童语言的错误还有一个特点，即相当一部分错误的根源

在于对客观世界认识的局限性或者成人的语言输入的影响,而不是由于儿童自身语言的局限。例如:

(152)(被试问取样人)爸爸,你可同意我上水管去洗手?("水管"指自来水龙头)(4:0)(周国光、王葆华,2001)

在本例中,儿童用"水管"表水龙头,可能与成人的输入有关,不一定是源于语言局限的错误。又如:

(153)它把枪对黑猫警长屁股打一针。(4:5)(周国光、王葆华,2001)

(154)大海有多深?跳下去有头那么深。(4:5)(孔令达等,2004)

在这两例中,儿童的语言错误是隐性的。对儿童而言,打针是痛苦的,因而对着屁股"打一针"是一种惩罚,跟打枪的效果是一样的。由于儿童对大海缺乏感知的经历,大海有多深,对儿童而言是很难想象的,用"头那么深"来形容,表达的可能就是很深的意思。这些隐含的错误很大程度上源自儿童对客观世界认知的局限性。

第二节 词汇的发展状况

词汇的发展是这一发展阶段语言发展的一个重要指标。此期间,儿童语言词汇的发展体现在词汇量、词义理解和灵活度三个方面。词汇量属于显性指标,在这一阶段,儿童的词汇量迅速增长。同时,对词义的理解趋于深化,儿童对词汇语义的把握逐步由模糊趋向于清晰、准确。词汇灵活度指儿童对词汇的灵活运用和新词的创造。词义理解和灵活度都属于隐性指标。

第二节　词汇的发展状况

一、词汇广度的扩大

李宇明(2004：97-98)综合多项研究得出的结论显示，汉语儿童各个年龄段的词汇量大致如下：

表7-2　儿童各个年龄段词汇量、词汇增长量及增长率一览表

年龄段(岁)	1	1—1.5	1.5—2	2—2.5	2.5—3	3—4	4—5	5—6
词汇量(个)	10	50—100	300	600	1100	1600	2300	3500
词汇增加量(个)		40—90	200—250	300	500	500	800	1200
词汇增长率(1)(%)	—	—	—	100	83	45	50	52
词汇增长率(2)(%)						73	49.3	37.9

注：词汇增长率(1)是作者根据表中的数据计算得出的，计算方法为：(本年龄段词汇量－上一个年龄段词汇量)/上一个年龄段词汇量，其中前三个年龄段的词汇量在一定的范围内变化，未进行统计；词汇增长率(2)参见李宇明(2004)，转引自《十省、市研究》。

从表7-2可以看出，在3—6岁年龄段，儿童的词汇量呈现快速增加的趋势。虽然从词汇增长率的角度来看，由于基数增大的原因，词汇增长率呈下降趋势，但从词汇增长量的绝对数来看，在3—6岁年龄段，以1年为年龄段间隔的词汇增长量是逐年增加的。这表明，儿童的词汇量在此阶段仍然处于快速增长期。

二、词汇深度的深化

从儿童掌握新词汇的认知过程可以看出，儿童对词义的理解存在逐步深化的过程，也就是对词语所指的属性逐步有更多的感知和理解，从而逐渐更准确地把握词语的语义特征。事实上，儿童对词汇的语音上的表达往往先于对该词语义的准确把握。孔令达(2004：70)对儿童掌握"昨天""今天""明天"这一组时间词的过程进行了研究，可以很好地说

明儿童从语音表达到词义把握的过程。

孔令达(2004)的研究表明,儿童在3岁时就已经具备了对这三个时间词的语音表征能力。例如:

(155)(被试对取样人说)我们昨天骑大马。(实际上是以前骑过的大石头)(3:0)
(156)(取样人让被试讲讲学校里的事,被试说)明天我们就春游了。(实际上要等下个月天暖和点才春游)(3:0)

这两个语例表明,尽管被试掌握了时间词的语音形式,但此时儿童对时间词的语义表征距离目标语还很远。孔令达(2004:70)认为,儿童在4:0时龄开始真正理解"昨天"和"今天"等时间词。这从儿童描述事件时对这两个词的正确使用可以看出。例如:

(157)(被试到医院打针看到不少人在排队)今天又有打针的,像昨天一模一样。(4:0)(引自孔令达,2004:70)

到4:6时龄左右,儿童才能准确理解"明天"和"今天"的相对关系。例如:

(158)(谈到带饼干到学校吃,被试说)我今天带明天不带,后天带大后天不带,隔一天带一次。(4:6)(引自孔令达,2004:70)

这一发展过程说明,儿童对很多范畴,尤其是抽象范畴的习得,从语音表达到象征单位的完整确立需要经过一段长的时间,有些需要相当长的时间。一般来说,范畴越抽象,这一过程经历的时间会越长。除了词语的本质属性差异导致的词语抽象程度差异之外,使用范围的差异也会导致词语抽象度的差异。李宇明(2004：119)从使用范围的角度,将词义分为三类：日常词义、科技词义和文学词义。儿童时期掌握的词义主要是日常词义。词汇的科技词义和文学词义抽象程度更高,其理解和表达需要通过训练才能得到。

儿童词义理解的发展还体现在能表达和运用的词汇更抽象、离现实生活更远,出现正式词汇等方面。例如：

(159)(被试和小伙伴假想有敌人开飞机侵犯)
　　　被试：那我们就用星球大战对付他们！(5;0)(陈勇,2006)

"星球大战"是远离现实生活的范畴;"对付"属于正式语体,带有书面语的味道。这表明儿童语言开始语域分化,为日后语言中不同语域的出现打下了基础。

三、词语的活用与创造

在词汇量与词义理解两个方面的发展之外,儿童语言的发展还体现在词语的灵活运用和创造上。从 3 岁起,儿童语言中出现大量的自造词。自造词是指儿童在未掌握某事物(事件)在目标语中的表征方法之前,依据自己已经理解的汉语构词规则而临时创造的词汇。与前一阶段的自造词无规律可循相比,本阶段的自造词具有更高的透明度,成人可以根据其构成理解儿童想要表达的语义。从产生机制来看,自造词的形成与儿童词汇理解策略有直接的联系。魏锦虹(2005)对儿童的词汇理解策略进行了分析,认为儿童理解词汇的策略之一是语素相加策略,也就是指儿童对各构词要素的意义进行简单相加,而产生对新词汇的理解。例如：

(160)取样人：什么是半天啊?
　　　K：半天就是一只老鹰飞呀飞,飞到半天。(3;0)(魏锦虹,

2005）

（161）取样人：什么是爱人呢？

K：爱人就是喜欢的人。

取样人：妈妈的爱人是谁呢？

K：妈妈的爱人就是我。（3:0）（魏锦虹，2005）

上述语例表明，儿童在对词汇进行理解时，会对词汇进行解析，将词汇分解为自己能理解的组成成分，并用已经掌握该组成成分的语义来对新词汇的意义进行解释。这种词汇理解策略会被儿童用于新词汇的创造。例如：

（162）取样者：拇指姑娘变成什么了？

SYY：她变成<u>天空人</u>了。（3:4）（"天空人"有歧义，可理解为"在天空中飞的人"或"来自天空的人"）（孙艳红，2009）

（163）（妈妈让被试看时间。被试去看挂钟）<u>长针</u>到 6 了，<u>短针</u>过了 3 点。（4:5）（周国光，1998）

（164）（被试告诉取样人收音机从哪儿装电池）在<u>后面</u>的<u>底下</u>打开。（4:5）（孔令达等，2004）

（165）（被试甲乙斗嘴）被试甲：我跑到太阳里面去。

被试乙：我从太阳里面把你这个<u>肉心子</u>抓出来。（5:0）（周国光、王葆华，2001：124）

从上述语例可以看出，儿童的自造词以偏正词（组）为主。偏正词（组）由修饰语和中心语两部分构成，符合儿童的词汇理解经验，因此，儿童很容易按照这种构词模式进行词汇的创造。自造词的出现是儿童语言主动性的一种表现，是儿童日后直至成年语言创新的基础。

第三节 句法的发展

随着年龄的增长和思维能力的发展，儿童思维的精密度提高了。与此相应的是，儿童对客观世界的感知精细度也随之增长。儿童对事物特征的感知逐步由外在特性向内在特性深化。同时，认知跨度从范畴扩大到事件，对范畴之间、事件之间的关系的理解也逐步深入。这些认知上的深化为儿童的语言表达提供了潜势，认知深化在语言上的表现就是句法成分增多、修饰性成分的增加及句法结构的复杂化和严谨化。

一、句法成分总体增多

儿童各个年龄段每 100 个语句中各类组块数见表 7-3：

表 7-3　儿童各个年龄段每 100 个语句中各类组块数一览表

年龄段（岁）	T	P	c	B_1	B_2	d	A	M	G	总数
1—1.5	0.0	8.8	21.6	48.0	37.3	16.7	89.2	11.8	0.0	233.4
1.5—2	0.8	16.5	53.7	55.4	47.9	76.9	107.4	27.3	8.3	394.2
2—2.5	2.7	16.8	78.8	69.0	83.2	77.0	120.4	32.7	18.6	499.2
2.5—3	4.6	26.6	72.5	83.5	80.7	112.8	155.0	39.4	29.4	604.5
3—3.5	18.8	16.4	105.5	74.2	94.5	139.8	157.0	35.9	30.5	672.6
3.5—4	10.6	23.9	129.2	98.2	112.4	109.7	158.4	38.9	50.4	731.7
4—4.5	23.5	21.6	121.6	104.9	121.5	145.1	179.4	51.0	67.6	836.3
4.5—5	12.1	31.8	151.4	121.5	109.3	152.3	177.6	54.2	80.4	890.6

注：①本表是组块分析结果一览表表 3-1 中的折合数。

②表中的字母分别表示：T=时间组块；P=处所组块；c=事体修饰组块；B_1=施事性事体组块；B_2=受事性事体组块；d=动状修饰组块；A=动状组块；M=情态组块；G=语法组块。

本阶段，儿童语言中的句法成分数量继续增长。从表7-3可以看出，从3岁起，每100个语句中组块总数的增长速度有所减缓，从此前的每个年龄段增加100个以上，减缓到此期间的每个年龄段增加60个左右。组块总数的增长是一个显性指标，反映出儿童表达单位内能够处理的范畴数继续增长。表达单位(语句)包含的范畴数越多，范畴间的关系就越复杂，与此相应，句法结构就愈加复杂，这是必然的。

二、修饰性成分比例增加

此阶段，儿童语言发展的一个隐性指标是两类修饰性组块——c(事体修饰组块)和d(动状修饰组块)在儿童语言中的比例及数量的变化。根据表7-3，可以得到c(事体修饰组块)和d(动状修饰组块)的数量并计算出它们在组块总数中的比例，见表7-4。

表7-4　各个年龄段修饰性组块数量及百分比一览表

年龄段(岁)	分析语料数	c 数量(个)	c 百分比(%)	d 数量(个)	d 百分比(%)	组块总数
1—1.5	102	21.6	9.25	16.7	7.14	233.4
1.5—2	121	53.7	13.63	76.9	19.50	394.2
2—2.5	113	78.8	15.78	77.0	15.43	499.2
2.5—3	109	72.5	11.99	112.8	18.66	604.5
3—3.5	128	105.5	15.68	139.8	20.79	672.6
3.5—4	113	129.2	17.65	109.7	14.99	731.7
4—4.5	102	121.6	14.54	145.1	17.35	836.3
4.5—5	107	151.4	17.00	152.3	17.10	890.6

注：某个年龄段c(事体修饰组块)的百分比计算方法为：c数量÷组块总数×100。d(动状修饰组块)百分比的计算方法与此相同。

由表7-4可以看出，修饰类组块中，事体修饰组块c在语句中的百分比从 2.5—3 岁年龄段的 11.99% 上升到 4.5—5 岁年龄段的 17.00%，上升幅度达 41.78%。动状修饰组块 d 的比例有点例外，在 3 岁左右达到最高，后呈下降趋势：2.5—3 岁年龄段为 18.66%，3—3.5 岁年龄段为 20.79%，到 4.5—5 岁年龄段为 17.10%。这与动状修饰组块本身在语句中的比例一直下降有关。但从绝对数来看，动状修饰组块仍然是增加的。中间的一个例外是，在 3.5—4 岁年龄段，动状修饰组块的数量同前一年龄段相比略有下降，从 139.8 下降到 109.7。修饰性成分的增加是儿童对事物、事件的观察能力增强的结果和语言表征。

三、句法结构的复杂化

关于儿童语言中的句法结构问题，朱曼殊等(1979)以幼儿口语中句法结构的发展为重点进行了研究。研究表明，儿童 3 岁前的句子中各成分间的相互制约不明显。3 岁半以前儿童的话语经常漏缺主要词类，词序紊乱。3 岁半以后，句子复杂性增加，各成分间的互相制约越来越严格。（朱曼殊、武进之、缪小春，1979：284）

从组块分析结果来看，本阶段，表达范畴之间关系的语法组块 G 的比例上升幅度很显著，从 2.5—3 岁年龄段的 4.86% 上升到 4.5—5 岁的 9.02%，升幅达到 85.6%，表明儿童语言中表示范畴间关系的显性组块成分增加很多，范畴间的制约关系更为显著化，也表明儿童对范畴及事件之间的关系的理解和表达逐步深化和提高。

在语法组块之外，复合事体组块 CB 以及复句数量的变化也能揭示儿童语言句法结构的发展状况。儿童各个年龄段语法组块 G、复合事体组块 CB 及复句数量见表 7-5：

表 7-5　儿童各个年龄段语法组块 G、复合事体组块 CB 及复句数量一览表

年龄段(岁)	G(个)	CB(个)	复句(个)
1—1.5	0.0	0.0	0.0

续表

年龄段(岁)	G(个)	CB(个)	复句(个)
1.5—2	8.3	0.8	0.0
2—2.5	18.6	1.8	1.8
2.5—3	29.4	4.6	6.4
3—3.5	30.5	9.4	4.7
3.5—4	50.4	7.1	11.5
4—4.5	67.6	6.9	13.7
4.5—5	80.4	8.4	14.0

从表7-5可以看出，从2.5—3岁年龄段起，儿童语言中复合事体组块CB数和复句数均较前一个年龄段有显著的增加。此后，这两个指标都处于高位，并呈增长趋势。这表明，从句法结构的复杂化来看，2.5—3岁年龄段是一个关键时期，从这时起，句法复杂度快速提高。

四、句法结构的严谨化

儿童语言的句法发展还表现在句法结构的严谨化方面。这表现在多个方面。首先是句法连接成分的显性化。儿童在3岁前对两个事件的描述大多是松散的并列，连接词的运用较少。如：

(166)楷楷跪倒打，站起来打。(2:0)(胡承佼，2004)

3岁开始，儿童语言中的连接词运用显著增加，而连接词的显性化使得句法成分之间的关系更为明确，相互制约更为紧密。胡承佼(2004)对儿童语言中的复句进行了研究，其对儿童语言中的连接词的出现时间进行了统计，结果如表7-6所示：

表 7-6　　　　儿童语言中的连接词出现时间一览表

类型＼时间	1:8	2:0	2:6	3:0	3:6	4:0	4:6	5:0
转折复句					可是,但是	不然的话,要不然	但,不然	却
因果复句				因为	因为……所以	……所以	既然……就	
选择复句							也许,要么……要么……	
条件复句		就			一……就……,才		只要……就	不管……总是……
让步复句							还	
连贯复句		然后,再,先……再……,先……后……	一……就……,后来				先……然后……	
解注复句								
假设复句		就	要……就		要是……就	……的话、如果……就	要……的话……就	如果……那,万一……就
递进复句							而且,连	
并列复句	也	又,是……不是……	还		一边……一边	再		不是……而是

（引自胡承佼,2004:44）

根据表 7-6，可以看出以下几个特点：(1) 简单连接词的运用一般先于复杂连接词。(2) 表简单语义关系如并列、连贯的连接词出现较早，在 3 岁以前就出现了一些简单连接词，而表复杂语义关系如选择、转折等的连接词出现较晚，大多出现在 3 岁以后。(胡承佼，2004：44)(3) 3 岁以后，连接词密集出现，表明 3 岁以后，句法结构紧密化、严谨化进程加快。

其次，儿童句法结构的严谨化表现在句法成分的完整表达。在 3 岁以前，很大程度上，成人对儿童语言的理解强烈地依赖于语境。而句法成分的完整出现使得对语境的依赖性大幅降低，甚至脱离语境也可以完全正确理解。例如：

(167) 黑猫警长沿着一只耳的脚印继续追击。(5:0)(陈勇，2006)
(168) 警长驾起摩托向蝗虫那个方向追去。(5:0)(陈勇，2006)
(169) 不管天气多么不好，哨兵总是瞪大眼睛注意敌情。(5:0)(胡承佼，2004)

上述语例表明，到 5 岁时，儿童句法结构已经趋于完整。同时，用词更为标准、规范，涉猎的范畴也更为抽象。儿童的语言已经接近目标语了。

第四节 语用能力的发展

在本研究中，儿童语用能力指儿童理解和表达语言本义之外的附加意义的能力以及儿童利用不同语言手段表达额外语义的能力。从广义角度看，儿童很早就出现了语用能力。有人甚至认为，(儿童的)语用能力在语言出现之前就已存在。(吴琳，2002)但 3 岁以后，儿童语用能力才得到快速和全面的发展。儿童语用能力体现在以下几个方面。

第四节 语用能力的发展

一、会话含义的赋码与解码

在本阶段，儿童逐步掌握了通过词汇重复、超音段语音成分如语调等语言手段表达额外语义、言外之意的能力。例如：

(170) 我以后永<u>远永远</u>也不理你了。(4;0)(孔令达等，2004)

(171)(被试甲说"老地爷"，乙纠正说)<u>老天爷</u>！还老地爷呢！(4;5)(孔令达等著，2004)

(172) <u>出去有什么好玩的？</u>(意为"外面不好玩")(4;6)(孔令达等，2004)

(173) 叶页(想听故事，对妈妈说)：祝你万事如意，祝你很老很老，头发都白了和爸爸还很相爱。你给<u>你的女儿</u>讲个故事吧。(4;6)(郑荔，2009)

在例(173)中，儿童叶页想表达的就是"给我讲个故事"。但她没有用简单的"我"而是用了更为复杂的语音串"你的女儿"，显然，她已经能够运用会话合作原则①，能通过有意地违反数量准则来增加额外的语义了。

对会话含义的理解需要多方面的能力。儿童在本阶段开始理解和表达一些简单的会话含义。例如：

(174) K：果冻你吃不吃？(要表达的意思是：我可以吃果冻吗？请给我拿果冻。我要吃果冻)(3;0)(魏锦虹，2002)

在此例中，儿童很显然运用了话语本义之外的隐含义，表明此期间

---

① 胡壮麟. 语言学教程(第3版)[M]. 北京：北京大学出版社，2006：190-198.

儿童 K 已经具备了显著的语用能力。又如：

(175)(3 岁的佳佳和 5 岁的毛毛在一起玩)
　　佳佳的妈妈(对佳佳和毛毛说)：吃饭的时间到了。
　　毛毛(马上回应)：再见。
　　(佳佳则对于这句话的本义之外回家的指令功能理解不够，不能做出合适的回答)(刘森林，2007：11)

5 岁的毛毛的回答表明，他理解了该句话本义之外的含义：该回家了。

二、类比能力的发展

儿童在 1 岁半左右就具备了将相似事物进行联系、类比的能力(参见例(140))，但通过合乎目标语规则的严谨的语言手段表达出来，则要晚得多。例如：

(176)XY：爸爸是一棵(大树)，妈妈是一朵(鲜花)。(4:8)
(177)叶页：妈妈，你是我的玫瑰园。看到玫瑰心里就很舒服，妈妈很好呢，就像玫瑰。(5:0)(郑荔，2009)
(178)被试：妈妈，你脸上的雀斑好像小蚂蚁走过留下的脚印。(5:0)(郑荔，2009)

这些语例表明，儿童已经具备灵活运用语言的能力，能通过语言手段将不易表达清楚的意义用修辞手段表达出来。此外，例(176)中，儿童还运用了语言在结构上的藏尾手法，反映出儿童语言的创造能力。

第五节 语篇能力的发展

儿童认知能力的发展使得儿童认知单位和认知跨度逐步加大,从初期的范畴扩大到此期间的事件。同时,对事件的认知深度也逐步深化,也就是说,他们可以观察到的事件的特征更多。由于可以感知到更多的客体特征,他们就具备了更多的表达潜势,在语言上的表现就是语篇能力的发展。儿童的语言表达不再以语句为单位,而由多个语句构成语篇。

汲克龙(2009)认为,语篇是指围绕一个特定的话题(或主题)在一定的语境中使用的语言基本单位。徐洪征(2010:112)认为,语篇的基本单位是超句统一体,表现为围绕一个基本主题发展的几个在内容和句法方面都有关联的句子。语篇的意义通过各种方式表达,包括词汇手段、次序的变化、语调以及特殊的书写方式。张放放、周兢(2006)认为,儿童语篇包括三种类型:(1)个人生活故事。这是儿童对自己真实生活中某些事件的描述。(2)想象故事。这是儿童对想象的事件的讲述。(3)脚本。这是儿童对常规性日常生活中观察到的事物、现象的叙述。

一、个人生活故事语篇

此期间儿童逐步发展出对自己个人生活中发生的事件进行完整描述的能力。同前一阶段的单句相比,这一阶段他们往往可以描述得很充分、细致,需要多个语句才能完成描述。例如:

(179)(被试对取样人说)妈妈不喜欢我,爸爸不喜欢我,爸爸妈妈都不喜欢我,他们打我。(被试在开玩笑)(3:0)(周国光,1998)

(180)(幼儿园放学回家路上)妈妈:今天上学高兴吗?

XY：不高兴。XXX扯我衣服的毛毛。他还好打人。(4:4)

二、想象故事语篇

此期间，更多的儿童语篇是想象故事语篇。由于朴素理论的进一步完善，儿童具备了在大脑中进行各种想象的能力，因而，其语言中反映出大量的想象故事类语篇。例如：

(181)（被试甲乙斗嘴，甲说）……然后天黑啦，想睡觉的时候，我就把你的玩具，还有小画书偷掉，然后你就没有东西看啦，没有东西玩啦。(4:5)（周国光，1998）

(182)（被试与另一儿童斗嘴）我就装一个魔鬼，戴一个魔鬼帽子，戴一个魔鬼裤子，然后嘛，再戴一个魔鬼衣裳，还戴一个金指甲。(4:5)（孔令达等，2004）

(183)（被试甲乙斗嘴，甲说）那我下次买老大的，比天还大的变形金刚，比天还大的桃子，是寿星桃，比你还大的是机器昆虫。我买比你那变形金刚还大的。(4:0)（陈勇，2006年）

三、脚本语篇

儿童对日常生活中的各种事物、现象的关注度和观察能力是逐步提高的。随着这些能力的发展，他们形成了按照一定的模式观察类似事物的能力。其语言的表达结果就是脚本语篇。脚本是一种基于框架概念的认知模式。当框架间的关联延伸超过了单个句子、伸向更大的语言和认知单位时，便出现了一种更宽的框架概念模式：脚本认知模式。脚本是人的生活经验的浓缩，是一种知识结构，掌握得越多生活就越省事。语篇是人类认知与思维活动的结晶，是认知成果的主要记载方式，为后人提供了间接的认知经验。语篇的构建和解读是语言认知的一个基本过

程。(陈安玲,2007:25)儿童形成了脚本语篇的构建和解读能力,表明儿童语言发展进入了相当高的水平。例如:

(184)小鸭和鹅哪个特点是一样的?小鸭子的眼睛跟鹅的眼睛差不多,鸭子的脚跟鹅的脚差不多,鹅的翅膀跟鸭的翅膀也差不多。我下面讲哪个特点不一样的。鹅比鸭子大些,鹅生的蛋比鸭子生的蛋也要大些。(4:5)(周国光、王葆华,2001:05)

儿童语篇的长短是儿童语言的一个重要指标,同单个语句相比,语篇对语言的要求更高,除了词汇和句法能力之外,还涉及逻辑等其他思维能力。儿童语篇的构成模式、与成人输入的关系等问题还有待研究。

第六节　语言发展的心理机制:动作的内化

一、动作作用的变化

李红、何磊(2003)认为,大约3岁以后,由于儿童语言水平发展的突破,语言逐渐成为表达信息的主要工具。动作中的说明性身势逐渐成为辅助表意手段。随着思维和语言水平的发展,以前依赖于语境的隐性成分逐渐通过显性的语言成分呈现在句子里,语言也就逐渐成为交际的主要工具。可见,动作的作用在3岁后发生了质的变化,其表意作用减弱了。

二、动作内化

关于动作内化,目前国内外学者还只有一些零星的论述。对于动作内化的定义、标志等还未有系统性的研究。第一个正式提出"内化"学说的是苏联心理学家维果斯基。他认为:"内化是指儿童在与成人交往过程中，将外部的人类经验不断转化为自我头脑中内部活动的过程。"（吴庆麟，2003：43）内化的结果是，儿童不需要通过他人或者物体的帮助即可独立完成某项具体活动。在儿童语言发展的过程中，动作内化是语言内化的重要内容。

最早提出动作内化的是皮亚杰，但他在儿童认知发展阶段理论中只提出了"内化"这一术语，并未对内化进行明确界定和解释。为说明内化，皮亚杰举过一个例子：皮亚杰3岁的女儿看到一个1岁多的小男孩玩耍时跌倒后嚎啕大哭的全过程。她当时惊奇地看着并在口中发出喃喃声。3天后皮亚杰发现自己的女儿似乎模仿着那个1岁多小男孩跌倒的样子，重复地跌倒了几次。皮亚杰认为，女儿的模仿表明女儿已经将跌倒的动作内化了①。

我们认为，动作内化是确实存在的。但我们认为，与皮亚杰认为的模仿动作是动作的内化相反，动作的内化是在大脑中完成的，动作内化后儿童不需要通过外部动作，就可以在大脑内复现动作的虚拟过程，就如同从客观世界中感知到具体动作后反映在大脑中的表象。最显著的例子和可以观察到的一个现象是，儿童在刚开始数数时往往要掰着手指数，或者点着被数物体数数。而到了四五岁时这一现象就消失了。笔者还观察到一个现象，即儿童在一、二年级学习数学时，必须依靠事物本身来进行计算，例如，笔者的女儿在二年级时就不能把5个人抽象为纯粹的符号5。在计算"5个人+5个人"这样的计算题时，不能简化为"5+5"，而必须带着量词和名称。所以，在一、二年级的数学课本上，要用一个一个的水果的图形来显示水果的数量。这是和儿童的思维发展水平相适应的。这些例子表明此时期儿童还未将数的概念抽象成为符号，还未达到内化的水平。同数的内化的可观察性相比，动作的内化的可观察性更低，因此也更难以被发现和界定。

---

① 皮亚杰儿童智力理论. http://www.sdchild.com/sxwh/sclp/200903/24286_3.shtml.

三、动作内化的心理过程及其机制

莱可夫通过加利福尼亚大学贝克莱分校的语言神经理论组进行的实验研究结果验证了语言中的动作图示结构形成的心理机制。(Lakoff, 2007: 121-140) 该实验通过猴子对"抓"(grasp)这个概念在神经学上的形成机制进行了研究。该实验结果表明,大脑中的某些部位(运动前区即颅顶部区域)不但控制行动,还可以建立起行动的概念。(Lakoff, 2007: xvii-xviii) 莱可夫指出,动作的图示可以构建出动作的内部结构,内部结构是由动作的角色、参数和阶段等变量构成的(A schema that structures an action has an internal structure that constists of roles, parameters and phases)。(Lakoff, 2007: 130) 角色变量包括施事、受事、工具等;阶段变量则包括动作的开始和结束;参数变量包括方式、方向、场景(时间、地点)等。该研究从神经语言学的角度证实了动作内化的机制和具体内容。

我们认为,内化是一种人类对客观世界感知结果的程式化心理表征的过程,是人类将感知客观世界的结果以恰当的方式、正确和固定的结构进行抽象化储存,以为今后感知类似事物和现象等提出参考模式的过程。除了研究者们认为的动作内化外,内化过程同样会发生在对静物的感知以及对抽象事物如心理过程的感知过程中。内化的条件是儿童对客观事物间的关系、属性等形成系统性认识。内化的结果是儿童观察事物和过程更为程式化、精确化和细致化,为语言表达提供了更多潜势。内化完成在语言上的标志是儿童的语言中体现出了事物和过程的关键性参数,如属性、角色、方式等,不需要语境、手势等动作的辅助就能进行系统的描述。

动作的内化仅仅是人类将对客观世界感知的结果进行内化的一种典型的显性过程。也就是说,动作的内化相对容易感知。动作内化是人类将物质的、外显的动作经过抽象,形成包含所有动作参数方面的心理表征形式的过程。在动作内化的过程中,由于经过了抽象化的词的参与,动作得以被高度抽象化和简化,并以图示的形式在大脑中储存,在运用时以图示的形式被整体调用。动作的内化使得儿童的思维过程得以忽略动作过程中的细节问题而将注意力集中到动作的关键要素,从而析解出动作的主要参数。以"洗澡"的动作内化过程为例。在例(109)和例(110)中,儿童对"洗澡"动作的参数还没有正确把握。洗澡动作中的角色应该是人或者是人施与洗澡动作的动物。儿童的言语还不能准确地描述这个动作及其前因后果,因此,此时这个动作还没有内化。动作内化的条件是儿童对动作的主要参数有了准确的把握。例如:

(185)(XY 坐在澡盆里,妈妈给她洗澡)
　　妈妈:你快点睡在盆里。
　　XY:你说错了,不是"睡",是"坐"。(2:11)

本语例中,XY 对成人语言的"纠正"表明她已经对洗澡动作的参数形成了更清晰的概念,这个例子表明 XY 对自己洗澡的方式(坐着洗澡)已经形成了稳固的认识。动作内化过程已经开始了。我们认为,其他范畴如句法也同样存在内化过程,动作的内化为其他范畴的内化提供了发展的路径模板。

四、句法的内化

胡承佼(2008)对 5 岁前汉族儿童习得因果复句的情况进行了研究,认为因果复句的习得需要经历两个阶段:拷贝式模仿阶段和框架式模仿阶段,然后经过图式固化而最终习得因果复句。胡承佼的研究部分解释了儿童句法结构的发展机制。我们认为,句法结构作为一种认知对象,儿童对其认知过程与对其他认知对象的认知心理机制是相同的,都要经历以下认知过程:

(一)对认知对象整体的感知

由于事物的整体性特征是最突出的,儿童最先感受到的是认知对象

的整体。对句法结构而言,儿童首先感受到的是句法整体,并且有整体应用的现象。例如:

(186) 妈妈:(被 JX 吵烦了,生气地吼)不要吵了。
　　　JX:(不紧不慢地用外婆的沙市口音说)咿呀,/he/(吓)死个人的!(1:9)
(187)(几天没见爷爷了,爷爷要抱 JX,JX 低着头,显得很认生的样子)
　　　妈妈:JX,怎么了?
　　　JX(摇着小手):我不好意思,不好意思。(1:9)
(188)(A 在 25 个月时听到妈妈说过"开个玩笑"之后便频繁运用,有时对有时错)
　　　妈妈:为什么阿姨看不见汤姆?
　　　A:开个玩笑。(A 不知道该如何回答)(2:2)(刘颖,2009)

在这几个语例中,此时儿童 JX 和 A 对所说的句子可能都是作为整体感知和运用的。类似地,胡承佼(2008)观察到,一名被试对象在幼儿园里主动打扫卫生,老师表扬他说:"你今天表现好,所以呢,奖励你一朵小红花。"该被试回到家后发现妈妈正在打扫卫生,就把老师的话原封不动地拿来表扬妈妈。这几个语例说明,由于儿童最初最容易感受到的是认知对象的整体性特征,所以儿童对句法结构的感知最初可能是以整体的状态出现的。如同儿童对范畴的运用存在泛指化现象一样,在儿童对句法结构的属性特征缺乏足够认知的时候,对某个句法结构的运用也会存在泛化现象,具体在语言实践中的表现就是句子的不恰当运用,如例(188)。

(二)对认知对象属性特征的感知

随着儿童对句法结构多次语言实践后,认知随之加深,儿童对句法结构的属性特征(句法要素及相互制约条件)的认识开始深入,儿童逐

步析出句法的构成要素,具体表现为儿童在实践过程中进行某些句法成分的替换。例如:

(189)XY:XY睡中间,爸爸妈妈睡两边。(1:12)

这个语例表明,XY对这一句法结构已经达到了解析的水平,对该句法结构的属性特征有了比较清晰的认识。又如:

(190)妈妈(指着消防栓说):消防栓在白杨树旁边。
     XY:菊花旁边有只大公鸡。(2:3)

这个语例表明,儿童XY对方位范畴的句法结构特征有了较高水平的认知,不仅能理解成人的话语,而且能够运用新的句法结构来表达类似的事物间的关系,对这一句法结构能灵活运用。

(三)象征单位的建立

与范畴的象征化过程中的象征单位包含语音单位和语义单位不同,句法结构的象征单位中语音单位是缺省的,而语义单位也是由没有具体意义的抽象图示框架构成,因而句法的象征化过程是个没有完成命名过程的范畴化过程。相比于具象的范畴象征单位,句法结构是一种抽象的模糊的象征单位,因而不易为我们所察觉。只有在从事语言学专门研究时,句法结构的象征单位才会具体化,形成语音单位与语义单位联结的象征单位。

此外,由于汉语句法的映射性特征,从某种程度上看,句法可以看作范畴的扩展化,句法的内化实际上也就是动作内化的延伸和具体表征形式。

五、内化的作用

内化的发展和水平与儿童思维的发展水平是相适应的。皮亚杰将儿童从出生后到 15 岁思维的发展划分为四个发展阶段①：(1)1—2 岁，感觉动作阶段。(2)2—7 岁，前运算阶段。(3)7—11 岁，具体运算阶段。(4)形式运算阶段。语言的发展和儿童的智力(思维)发展紧密相关。自出生至 2 岁左右，儿童思维发展处于感知运动阶段。在此阶段儿童有少量的动作得到初步内化。从 3 岁开始，内化过程逐步加快。内化过程促进语言的发展，而语言的发展又使得内化过程向深度发展。通过内化过程，儿童得以从充满细节的具体动作和范畴实体中摆脱出来，而通过高度抽象化的图示等内化成果在大脑中进行表象思维。内化过程加快了人类思维的速度，减轻了思维中的认知负担。动作内化的结果是，儿童不需要通过物质世界的外显动作，可以在大脑中以表象的形式复现动作的过程。这个过程的作用是巨大的。如果要进行比喻的话，可能拿实际的核试验和计算机模拟核试验来类比比较合适。要完成一次实际的核试验是一个浩大的工程并且要耗费巨大的人力、物力，而模拟核试验只需要适当的核反应模型和功能足够强大的计算机就行了。两者所取得的效果是差不多的，但两者所需要的投入有天壤之别。完成了动作内化的人可以不需要通过动作本身，用少得多的体力、时间上的投入，就可以取得与实际动作相同的效果。动作及范畴的内化对语言和思维的发展的作用是不言而喻的。

---

① 朱智贤，林崇德. 思惟发展心理学[M]. 北京：北京师范大学出版社，2002：73-74.

第八章 余 论

第一节 本研究的主要结论

本研究基于自己收集的 3 个儿童的语料和 31 种公开出版文献中的儿童语料建成的 0—6 岁儿童语料库，运用一种新的儿童语言复杂度衡量方法——组块分析法，采用定性和定量相结合的研究路径，从认知语言学的视角对 0—5 岁汉语儿童的语言发展过程进行了分析。研究发现，该过程是一个连续的过程，但在连续发展的同时，发展过程呈现显著的阶段性特征。根据组块分析结果的统计分析，以及动作在儿童语言表意中的作用等认知指标，本研究将 0—5 岁汉语儿童的语言发展过程分为三个阶段：

1. 0—1 岁为语言意识形成期。本研究采用定性的方法对本阶段儿童语言发展的特点进行了研究。研究发现，本阶段儿童还不具备外显的语言表达能力，但已经逐步具备了一定的理解能力，是儿童在心理上和生理上的语言发展准备期。语言意识形成期又可以进一步分为三个小的阶段：无语言意识期、语言意识萌芽期和语言意识确立期。语言意识的确立在儿童语言的发展中具有重要意义，是儿童语言发展的起点和基础。本阶段，动作是儿童表意的主要手段，他们发出的声音还不具备语言的系统性特征，因此表意功能很弱。

2. 1—3 岁为范畴关系确立期。研究发现，大多数儿童在 1 岁左右出现第一个明确的语言学意义上的外显词汇而进入语言可观察期。组块分析的统计分析结果表明,在1—3岁期间,以0.5岁为年龄间隔,3岁之前的各个年龄段之间的语言发展指数呈现显著差异。而2:6—3时段与更高年龄段之间的语言发展指标差异呈不显著水平,表明儿童在3岁时语言水平发展已达到相当高的水平。从3岁起,各个年龄段之间的语言发展指数差异不显著,表明儿童进入语言的稳定发展期。3岁成为儿童语言发展阶段的一个显著时间点。从定性研究的角度看,1—3岁期间,儿童语言发展的主要任务是感知独立范畴并认知其属性。在1—3岁年龄段的后期,儿童语言开始出现范畴间的关系表征,亦即词的组合以及简单的句法结构。综合定性研究和定量研究,从儿童认知发展的角度看,可以将1—3岁儿童语言的发展阶段定性为范畴关系确立期。

根据儿童外显范畴的特点,本阶段可以进一步分为两个小的阶段:范畴独立外显期(1:0—1:9时龄)和范畴网络联结期(1:9—3:0时龄)。在范畴独立外显期,儿童的主要任务是发展能够外显的独立范畴,提高语音感知能力和表达能力。在这个小的阶段,儿童的语音表达仍然滞后于对范畴的理解。大致上从1:9时龄起,儿童对语音的感知能力和表达能力增强,儿童的语音表达出现了相对于语义理解的超前性。随着外显范畴数量的增长,范畴之间的关系表征随之出现,从而进入范畴网络化阶段。

本阶段,儿童动作的表意功能逐渐弱化。到本阶段末期,动作内化加快,动作的表意功能居于辅助地位。与此相应,儿童的语言表达也从依赖于成人的语境设置和引导,发展出表达自主性和语境独立性。

3. 3—5岁为事件域关系构建期。从定量研究的角度看,从组块分析结果可知,根据各个年龄段组块总数、复句数、错误数以及复合组块数四种语言发展的显性指数来看,在3—5岁年龄段,儿童语言的发展处于稳定发展期。而定性研究表明,大致上从3岁起,儿童的语言成为主要的表意手段,动作在语言学习和表达过程中都退居次要地位。随着动作的逐步内化,儿童的元语言学习能力也快速发展起来,使得儿童的汉语学习效率出现质的飞跃。随着儿童认知能力的增强,认知跨度增

第八章 余　论

大，从范畴域扩大到事件域，事件成为儿童感知客观世界的认知单位。儿童语言的表达内容也逐步由事物(事件)的可视的、外在的等具象特征逐渐转向内在固有特性，有从事物属性特征向事件关系属性特征发展的趋势，语言表达也从范畴间的关系发展到事件间的关系。综合定量研究和定性研究，可以确定3—5岁期间，儿童语言发展处于事件域关系构建期。

除从新的角度对0—5岁汉语儿童语言的发展阶段进行划分之外，本研究还提出了一些值得注意的观点：提出了音物共现象征化机制，认为多次反复成对出现的语音、事物共现关系被婴儿的条件反射机制内化为语言中的象征单位，从而形成语言符号的雏形，产生词义。此外，运用记忆产生的原理，首次对老年人"记远不记近"现象的深层机制进行了解释。

第二节　分析方法的优缺点

汉语口语中很多语句用传统的句法分析法分析有很大困难，而用组块分析法有其独特优势。组块理论使得我们可以摆脱词类、句法成分等传统描述方法纷繁复杂的外表，简化描述方法和描述结果，从而能帮助我们更好地认识儿童语言发展过程，并为言语的分析从定性分析向定量分析转变提供了可能。

尽管有很多优点，但我们在实际分析过程中，发现组块分析法仍然存在一些不足。

一、分析单位的确定存在模糊区域

组块分析单位的确定存在一些模糊区域有多方面的原因。首先，确定句子(单句、复句)的标准本身还不统一。其次，由于口语的特点，句子的划分本身存在一定困难。儿童口语的特性导致语句的划分更加困难。而分析单位的确定是组块分析的基础，由于单句位置划分的不同，每句话中包含的组块数量也就不同。为了较好地处理好这一问题，我们采用以认知事件为单位的原则，也就是说，对一个事件描述完整了，单句也就完成了。但是，即使依据这一原则，依然存在一定的难度。例如：

(191) 她是小黄牛，我是大黄牛，我比她大一些。我是爸爸，她是妈妈，因为她是女的，我是男的，爸爸比妈妈大一些。(5：0)(周国光、王葆华，2001)

这个语例未进入我们的分析样本中。但本例的认知事件单位该如何划分？另如：

(192) 送我上学送早一点，我要考300分。(3:6)(孔令达等，2004)

对于这个语例，我们是作为两个认知事件进行组块分析的。但是，也可以认为是一个复句：送我上学送早一点，(因为)我要考300分。所以组块分析的单位确定有一定误差。幸运的是，这类语例并不多，对分析结果的影响不是很大。在句法分析单位之外，有些组块的数量和类型也不好确定。例如：

(193)(被试在院子里看到一群鸡，数鸡的只数)一、二、三、四，就四个啦。(3:6)(周国光，1998)

在本例中，"一、二、三、四"是作为四个组块，还是一个组块？我们在分析时，分析为一个组块，因为它们表达的是同一类范畴。

二、组块划分的粒度问题

在划分组块时，如果划分得过于细致，就成了词汇分析；如果划分得粗糙,则类似于句法成分分析了。虽然说组块分析的基本原则和依据是言语中反映出的范畴种类和数量,但在实际的分析中把握起来还是存在一定的难度。例如:

(194)你们家那个床单、床单啊,跟我舅舅家的那个床单一模一样。(5:0)(周国光、王葆华,2001)

(195)(被试给爸爸讲幼儿园里的事)我们的操第一,给我们巧克力和一朵花儿。(5:0)(周国光、王葆华,2001)

其中的数词"一"的组块分析就存在一定的难度。本研究认为,"一模一样"是作为整体习得和出现的,其中的"一"不具备离散性。但"一朵"则具备离散性,表达了数和量两类范畴,因而分析为两个组块。

三、组块的习得难度系数表征问题

尽管组块分析法反映了儿童语言生成过程中的某些心理过程及其特征,但我们在实际的语料组块分析过程中发现,组块分析法还只能体现组块的表层特征。例如,以儿童对时间范畴的掌握来看,"昨天—今天—明天""上午—中午—下午—晚上",两组时间范畴对儿童语言的要求是不一样的。但组块分析法还不能体现出其差异。如何显示组块的习得难度系数是一个问题,还有待进一步研究。

第三节 不足之处及有待研究的问题

一、不足之处

首先,语音转录不够规范。儿童发展过程中的语音语料收集不够全面,由于多方面的原因,所收集到的语音语料存在转录不够规范的缺陷。

其次,从公开出版的文献中收集的语料有其优点,但也存在缺点。公开文献中的语料大多缺乏足够的语境和被试儿童的语言发展背景状况，孤立的语料居多，对儿童语言的认知发展过程的揭示作用有一定限制，尤其是 3 岁以后，儿童语言已经逐渐复杂化，需要考察的因素很多。孤立的语料不能提供足够的研究线索，成为制约本研究的一大限制因素。

本研究的另一个不足之处是：未能反映儿童的语言反应速度。儿童语言发展的一个重要指标是语速与对他人指令反应（理解）的速度。但由于采样条件和记录方法的限制，目前还难以对这个指标进行衡量。这也是目前儿童语言发展研究中未被关注的问题，值得进一步研究。

二、有待研究的问题

（一）儿童语误的确定

由于朴素理论的影响，儿童语言外显的很多范畴有时与成人的概念是不同的。儿童语言有时从成人语言的角度来看没有错误，但很多情况下，儿童刚好是要表达其他的意思。儿童的语言表层结构与其深层结构存在不一致性。例如：

(196)（被试指着昨天坐过的石头说）我们昨天晚上骑大马。（"晚上"实际上是下午）(2:6)（周国光，1998）

在本例中，把"石头"说成"大马"算不算词汇错误？还是比喻？这仍然存在模糊区。在儿童从朴素世界向科学世界的转向过程中，类似现象很多。如何给这类现象定性，还值得研究。

（二）儿童对语言构成要素的离析能力的发展过程

儿童对语言构成要素的离析能力的发展过程和阶段性特征是有待进一步研究的方面。确定儿童对语言构成要素的离析能力是与组块划分粒度紧密相关的，对其科学定位有助于推进儿童语言研究中的量化特征研究。

附录　语料来源文献目录

[1] 车艳, 欧伶伶. 说汉语儿童早期副词习得个案研究[J]. 哈尔滨学院学报, 2009(12).

[2] 陈长辉. 儿童语言中的人称代词[J]. 安徽师范大学学报(人文社会科学版), 1998(1).

[3] 陈勇. 儿童语言中的介词及相关问题讨论[D]. 安徽师范大学, 2006.

[4] 丁凌云. 儿童语言中的量词[J]. 安徽师范大学学报(人文社会科学版), 1999(1).

[5] 杜映. 儿童最初词汇的习得及其词义分析[J]. 语言教学与研究, 2003(3).

[6] 符晶. 三岁前汉语儿童多义词习得研究[D]. 首都师范大学, 2008.

[7] 高晓玲. 儿童语言中的主体格、客体格、邻体格介词[D]. 安徽师范大学, 2003.

[8] 缑瑞隆, 何秋和, 刘雯. 2—3岁儿童兼语句发展的实验研究[J]. 汉语学习, 1992(4).

[9] 胡承佼. 儿童语言中的复名[D]. 安徽师范大学, 2004.

[10] 孔令达, 陈长辉. 儿童语言中代词发展的顺序及其理论解释[J]. 语言文字应用, 1999(2).

[11] 孔令达, 丁凌云. 儿童语言中体词性宾语语义成分的发展和相关问题的讨论[J]. 语言文字应用, 2002(4).

[12] 孔令达. 汉族儿童实词习得研究[M]. 合肥: 安徽大学出版

社，2004.

[13] 刘颖. 汉语儿童早期语言发展个案研究[D]. 山东大学，2009.

[14] 李向农，周国光，孔令达. 1—5岁儿童运用方位句及方位介词情况的调查分析[J]. 心理科学，1992(3).

[15] 李向农，周国光，孔令达. 2—5岁儿童运用"把"字句情况的初步考察[J]. 语文研究，1990(4).

[16] 穆亚婷，邓永红. 说汉语儿童早期动词习得个案研究[J]. 四川理工学院学报(社会科学版)，2009(6).

[17] 钱益军. 儿童语言中的语气词[D]. 安徽师范大学，2003.

[18] 孙艳红. 四岁前汉语儿童名词性偏正短语习得情况考察[D]. 首都师范大学，2009(5).

[19] 王祥荣. 儿童语言中的"上"、"下"类方位词[J]. 安徽师范大学学报(人文社会科学版)，2000(4).

[20] 王永坡. 汉语早期儿童的隐喻机制及多义词发展研究[D]. 首都师范大学，2007.

[21] 魏锦虹. 0—3岁儿童心理词库的建立与发展[J]. 阜阳师范学院学报(社会科学版)，2002(5).

[22] 肖玲. 早期儿童语言泛化现象研究[D]. 首都师范大学，2007(10).

[23] 汲克龙. 两至四岁汉语儿童叙事篇生成能力的发展——从语篇衔接与连续角度所做的初步探索[D]. 首都师范大学，2009.

[24] 乐守红. 2岁至3岁儿童语言中修饰词的发展[J]. 华章，2009(16).

[25] 杨小璐. 现代汉语把字句习得的个案研究[J]. 当代语言学，2008(3).

[26] 张云秋，王忠玲，肖永华. 四岁前儿童否定结构类型及误用的认知分析[J]. 首都师范大学学报(社会科学版)，2006(6).

[27] 周国光. 汉族儿童习得联合结构状况的考察[J]. 安徽师范大学学

报(人文社会科学版),1997(3).

[28] 周国光.汉语儿童习得述宾结构状况的考察[J].语言文字应用, 1996(3).

[29] 周国光,王葆华.儿童句式发展研究和语言习得理论[M].北京: 北京语言文化大学出版社,2001.

[30] 周国光.汉语句法结构习得研究[M].合肥:安徽大学出版社,1997.

[31] 朱万喜,王祥荣.儿童语言中亲属称谓词泛化标记及其习得顺序的理论解释[J].安庆师范学院学报(社会科学版),2000(6).

参 考 文 献

一、著作类

[1] 陈英和. 认知发展心理学[M]. 杭州：浙江人民出版社，1996.
[2] 冯凌宇. 汉语人体词汇研究[M]. 北京：中国广播电视出版社，2008.
[3] 盖钧镒. 试验统计方法[M]. 北京：中国农业出版社，2000.
[4] 何克抗. 语觉论——儿童语言发展新论[M]. 北京：人民教育出版社，2004.
[5] 胡壮麟. 语言学教程(修订版)[M]. 北京：北京大学出版社，2001.
[6] 胡壮麟. 语言学教程(第3版)[M]. 北京：北京大学出版社，2006.
[7] 李伯约, 塞丹. 自然语言理解的心理学原理[M]. 上海：学林出版社，2007.
[8] 靳洪刚. 语言获得理论研究[M]. 北京：中国社会科学出版社，1997.
[9] [美]卡罗尔. 语言心理学(第四版)[M]. 缪小春等，译. 上海：华东师范大学出版社，2006.
[10] 孔令达. 汉族儿童实词习得研究[M]. 合肥：安徽大学出版社，2004.
[11] 李宇明, 唐志东. 汉族儿童问句系统习得探微[M]. 武汉：华中师范大学出版社，1991.
[12] 李宇明, 陈前瑞. 语言的理解与发生——儿童问句系统的理解与发

参考文献

生的比较研究[M]. 武汉：华中师范大学出版社，1998.

[13] 李宇明. 儿童语言的发展[M]. 武汉：华中师范大学出版社，2004.

[14] 黎天睦. 现代外语教学法：理论与实践[M]. 北京语言学院出版社，1987.

[15] 刘正光. 语言非范畴化：语言范畴化理论的重要组成部分[M]. 上海：上海外语教育出版社，2007.

[16] 楼必生. 婴儿教育活动设计[M]. 武汉：华中师范大学出版社，2000.

[17] 陆俭明，沈阳. 汉语和汉语研究十五讲[M]. 北京：北京大学出版社，2003.

[18] 马清华. 语义的多维研究[M]. 北京：语文出版社，2005.

[19] 彭聃龄，陈宝国. 汉语儿童语言发展与促进[M]. 北京：人民教育出版社，2008.

[20] 彭聃龄. 汉语认知研究——从认知科学到认知神经科学[M]. 北京：北京师范大学出版社，2006.

[21] 彭耽龄. 语言心理学[M]. 北京：北京师范大学出版社，1991.

[22] 时蓉华. 社会心理学[M]. 上海：上海人民出版社，1986.

[23] 石毓智. 语法的概念基础[M]. 上海：上海外语教育出版社，2006.

[24] 石毓智. 语法的认知语义基础[M]. 南昌：江西教育出版社，2000.

[25] 束定芳. 现代语义学[M]. 上海：上海外语教育出版社，2000.

[26] 王寅. 认知语言学[M]. 上海：上海外语教育出版社，2006.

[27] 温宝莹. 汉语普通话的元音习得[M]. 天津：南开大学出版社，2008.

[28] 吴庆麟. 教育心理学[M]. 上海：华东师范大学出版社，2003：43.

[29] 邢福义. 现代汉语(全1册)[M]. 北京：高等教育出版社，1991.

[30] 徐烈炯. 指称、语序和语义解释[M]. 北京：商务印书馆，2009.

[31] 杨治良，郭立平，王沛，陈宁. 记忆心理学[M]. 上海：华东师范大学出版社，1999.

[32] 张明红. 学前儿童语言教育[M]. 上海：华东师范大学出版社，2001.

[33] 周国光. 汉语句法结构习得研究[M]. 合肥：安徽大学出版社，1997.

[34] 周国光，王葆华. 儿童句式发展研究和语言习得理论[M]. 北京：北京语言文化大学出版社，2001.

[35] 周健. 汉字教学理论与方法[M]. 北京：北京大学出版社，2007.

[36] 周兢. 汉语儿童语言运用能力的发展[M]. 南京：南京师范大学出版社，2002.

[37] 周兢. 汉语儿童语言发展研究——国际儿童语料库研究方法的应用与发展[M]. 北京：教育科学出版社，2009.

[38] 朱智贤，林崇德. 思惟发展心理学[M]. 北京：北京师范大学出版社，2002.

[39] 朱智贤. 中国儿童青少年心理发展与教育[M]. 北京：中国卓越出版社，1994.

[40] 朱德熙. 语法讲义[M]. 北京：商务印书馆，1982.

[41] 朱曼殊. 儿童语言发展研究[M]. 上海：华东师范大学出版社，1986.

[42] 朱曼殊，缪小春. 心理语言学[M]. 上海：华东师范大学出版社，1990.

[43] 弗里德里希·温格瑞尔，汉斯-尤格·施密特. 认知语言学导论[M]. 彭利贞，许国萍，赵微，译. 上海：复旦大学出版社，2006.

[44] Carroll D.W.Psychology of Language (5th Edition)[M]. 北京：外语教学与研究出版社，2008.

[45] Hoff E.Shatz M. Blackwell. Handbook of Language Development[M]. Victoria：Blackwell Publishing Ltd.，2007.

[46] Finegan E.Language, Its Structure and Use (4th Edition) [M]. 北京：北京大学出版社，2005.

[47] Ferguson C. A. Baby Talk as a Simplified Register in Talking to

Children: Language Input and Acquisition[M]. London: Cambridge University Press, 1977.

[48] Gleason B.The Development of Language[M]. 北京: 北京大学出版社, 2005.

[49] Halliday M.A.K. The Language of Early Childhood[M]. 北京: 北京大学出版社, 2007.

[50] Haiman J.Natural Syntax: Iconity and Erosion[M]. 北京: 世界图书出版公司北京公司, 2009.

[51] Gleason J.B.The Development of Language (6th Edition)[M].Pearson Education Inc., 2001.

[52] Krashen S. D. The Input Hypothesis: Issues and Implications[M]. London: Longman, 1985.

[53] Lakoff G.Ten Lectures on Cognitive Linguistics by George Lakoff[M]. 北京: 外语教学与研究出版社, 2007.

[54] Langacker R. W. Foundations of Cognitive Grammar, Volume I: Theoretical Prerequisites[M]. 北京: 北京大学出版社, 2004a.

[55] Langacker R. W. Foundations of Cognitive Grammar, Volume II: Descriptive Application[M]. 北京: 北京大学出版社, 2004b.

[56] Levelt W.J.M.Speaking: From Intention to Articulation[M]. 北京: 外语教学与研究出版社, 2008.

[57][美]MacWhinney B.M.国际儿童语言研究方法:CHILDES 国际儿童语料库数据储存和分析系统[M]. 许文胜, 高晓妹, 译.北京: 教育科学出版社, 2010.

[58] Ralph W. F., Jeff C. L. (ed.) An Introduction to Language and Linguistics[M].London: Oxford University Press, 2006.

[59] Ruth A. B. (ed.) Language Development Across Childhood and Adolescence[M].John Benjiamins B.V., 2004.

[60] Sternberg R.J.认知心理学(第三版)[M]. 北京: 中国轻工业出版

社,2006.

[61] Ungerer F., Schmid H.J.An Introduction to Cognitive Linguistics[M]. Beijng: Language Teaching and Research Press,2001.

[62] Fromkin V., Rodman R., Hyams, N.An Introduction to Language[M]. 北京:北京大学出版社,2007.

二、论文类

[1]毕鸿燕,彭聃龄.6—8岁儿童三种时间副词理解能力及策略的实验研究[J].心理科学,2004(1).

[2]蔡仲.数学与认知[J].南京大学学报(哲学·人文科学·社会科学版),1996(2).

[3]迟立忠.儿童语音获得理论简述[J].心理发展与教育,1997(3).

[4]陈安玲.脚本认知模式与语篇的解读[J].外语与外语教学,2007(5).

[5]陈敏.儿向语在语言复杂程度上的调整[D].湖南大学,2005.

[6]陈敏.儿向语存在与否的实证研究[J].邵阳学院学报(社会科学版),2009(1).

[7]陈萍,许政援.儿童最初词汇的获得及其过程[J].心理学报,1993(2).

[8]陈前瑞.儿童语言发展阶段理论的再思考——评周国光《汉语句法结构习得研究》[J].汉语学习,2001(1).

[9]陈前瑞.中国儿童语言学的长成之作——读李宇明《儿童语言的发展》[J].语言文字应用,1996(3).

[10]陈晓湘.儿童早期句法发展两大理论的对比研究——先天普遍语法理论和建构语法理论[J].湖南社会科学,2007(3).

[11]陈舟楫.一个四岁儿童语言知识的调查研究[D].华东师范大学,2006.

[12]程琪龙.认知语言学和认知科学的关系[A].第四届全国认知语言

学研讨会论文摘要汇编[C]，2006.

[13] 崔荣辉. 5—6岁儿童语言习得状况的考察与研究[D]. 山东大学，2009.

[14] 戴浩一，叶蜚声. 以认知为基础的汉语功能语法刍议（上）[J]. 当代语言学，1990(4).

[15] 戴曼纯. "自然习得顺序"质疑[J]. 外语教学与研究，1996(4).

[16] 戴雪梅. 言语领域内隐认知研究述评[J]. 渝州大学学报（社会科学版），2002(4).

[17] 邓湘君. 儿童语音习得中的语音处理策略[J]. 清华大学学报（哲学社会科学版），2004(S1).

[18] 杜映. 儿童最初词汇的习得及其词义分析[J]. 语言教学与研究，2003(3).

[19] 范莉. 儿童和成人语法中的否定和否定辖域[D]. 北京语言大学，2005.

[20] 范莉. 儿童对普通话中否定词的早期获得[J]. 现代外语，2007(2).

[21] 范莉. 普通话中动词后情态的早期获得[J]. 现代语文（语言研究版），2010(6).

[22] 樊利春，张静. 0—3岁儿童语言能发育影响因素分析[J]. 海南医学，2004(10).

[23] 方格，方富熹，刘范. 儿童对时间顺序认知发展的实验研究（Ⅱ）[J]. 心理学报，1984(3).

[24] 方格，方富熹，刘范. 儿童对时间顺序的认知发展的实验研究（Ⅰ）[J]. 心理学报，1984(2).

[25] 傅根跃. 弱智儿童语言障碍调查研究[J]. 应用心理学，2000(1).

[26] 傅满义. 儿童语言中的副词[D]. 安徽师范大学，2002.

[27] 高航. 现代汉语名动互转的认知语法考察[D]. 中国人民解放军外国语学院，2007.

[28]高蕊.从认知角度谈"来"字的语法化——从上古到现代的历时考察[A].第四届全国认知语言学研讨会论文摘要汇编[C],2006.

[29]龚少英,彭聃龄.4—10岁汉语儿童句法意识的发展[J].心理科学,2008(2).

[30]龚少英.4—5岁幼儿把字句和被字句句法意识发展的特点[J].教育科学,2007(1).

[31]龚千炎.现代汉语的时间系统[J].世界汉语教学,1994(1).

[32]辜正坤.对索绪尔和乔姆斯基的批判与语言学新定律[J].外语与外语教学,2004(4).

[33]郭纯洁.论语言认知分析的层次性[J].南京航空航天大学学报(社会科学版),2003(12).

[34]郭培方.句法习得理论的发展[J].心理科学,1999(1).

[35]龚少英,彭聃龄,易冰.4—5岁幼儿句法意识的发展[J].学前教育研究,2005(Z1).

[36]郝玥,王荣华.语音意识的概念及其发展阶段[J].山西财经大学学报(高等教育版),2008(1).

[37]何洁.汉语儿童早期语法中的"自己"[D].北京语言大学,2009.

[38]何莉芳.复句与句群之比较分析[J].语文学刊,2004(4).

[39]胡承佼.儿童语言中的复句[D].安徽师范大学,2004.

[40]胡承佼.5岁前汉族儿童因果复句习得情况的调查和分析[J].淮北煤炭师范学院学报(哲学社会科学版),2008(3).

[41]胡德明.儿童空间维度形容词发展顺序的理论解释[J].世界汉语教学,2003(3).

[42]胡明扬.语法意义和语汇意义之间的相互影响[J].汉语学习,1992(1).

[43]胡晓艳.早期儿童汉语、英语学习态度及倾向性的隐喻认知研究[D].华东师范大学,2018.

[44]何昌平.语言学习中概念形成的认知诠释——24种"跑"的启示

[A]．第四届全国认知语言学研讨会论文摘要汇编[C]，2006．

[45]洪显利，张荣华，冉瑞兵．组块构建记忆策略训练——提高高一学生英语词汇学习质量的实验研究[J]．西南师范大学学报(人文社会科学版)，2003(6)．

[46]侯智德．语用策略认知关联研究[J]．外语研究，2006(3)．

[47]缑瑞隆，何秋和，刘雯．2—3岁儿童兼语句发展的实验研究[J]．汉语学习，1992(4)．

[48]黄剑平．语言词汇习得顺序研究[J]．齐齐哈尔大学学报(哲学社会科学版)，2003(5)：109-111．

[49]贾红霞．普通话儿童空间范畴表达发展的个案研究[D]．中国社会科学院研究生院，2009．

[50]贾永华．语言输入与输出角色的再认识——克拉申输入说评析[J]．闽江学院学报，2005(1)．

[51]贾玉新．国外儿童语言习得研究 [J]．语文建设，1992(9)．

[52]蒋祖康．语法习得次序与语法教学[J]．外语教学与研究，1995(2)．

[53]姜丽杰．认知能力和环境对儿童语言习得的影响[J]．呼伦贝尔学院学报，2006(1)．

[54]姜涛，彭聃龄．汉语儿童的语音意识特点及阅读能力高低读者的差异[J]．心理学报，1999(1)．

[55]姜涛，彭聃龄．关于语音意识的理论观点和研究概况[J]．心理学动态，1996(3)．

[56]姜涛．汉语的语音意识及其与语言能力的关系[D]．华南师范大学，1998．

[57]静进．儿童言语及语言障碍的神经机制[J]．中国儿童保健杂志，2003(5)．

[58]金颖若，盘晓愚．婴儿语音发展研究[J]．贵州大学学报(社会科学版)，2002(3)．

[59]荆增林.对克拉申输入说的异议[J].外语教学与研究,1991(1).

[60]昝飞,刘春玲.儿童语音发展的研究方法、对象及规律[J].中国特殊教育,2000(3).

[61]亢蓉,方富熹.幼儿朴素理论发展的研究现状[J].心理科学进展,2005(1).

[62]孔令达,周国光,李向农.儿童动态助词"过"习得情况的调查和分析[J].语言文字应用,1993(4).

[63]孔令达,周国光,李向农.1—5岁儿童使用结构助词"的"情况的调查和分析[J].心理科学,1990(6).

[64]孔令达.儿童语言中的述补结构[J].世界汉语教学,1994(4).

[65]孔令达,陈长辉.儿童语言中代词发展的顺序及其理论解释[J].语言文字应用,1999(2).

[66]孔令达.儿童对两组时间词的习得[J].安徽师范大学学报(人文社会科学版),2007(6).

[67]李红,何磊.儿童早期的动作发展对认知发展的作用[J].心理科学进展,2003(11).

[68]李嵬,祝华,Dodd B.,姜涛,舒华,王立新.性别、幼儿园教育和英语学习对普通话儿童语音习得的影响[J].心理科学,2000(2).

[69]李嵬,祝华,Dodd B.,姜涛,彭聃龄,舒华.说普通话儿童的语音习得[J].心理学报,2000(2).

[70]李甡,李文馥,周小彬,陈茜,孔瑞芬.3—6岁幼儿言语表达能力发展特点研究[J].心理科学,2002(3).

[71]李平.语言习得的联结主义模式[J].当代语言学,2002(3).

[72]李守江.试用"原型"理论分析单复句[J].现代语文,2006(9).

[73]李文馥,张筱菁.儿童理解程度副词的特征[J].心理科学,1993(1).

[74]李向农,周国光,孔令达.2—5岁儿童运用"把"字句情况的初步

考察[J]. 语文研究, 2004(4).

[75] 李向农, 周国光, 孔令达. 1—5岁儿童运用方位句及方位介词情况的调查分析[J]. 心理科学, 1992(3).

[76] 李向农, 周国光, 孔令达. 儿童比较句和介词"比"习得状况的考察和分析[J]. 语文建设, 1991(5).

[77] 李欣珍, 傅根跃. 儿童语法接受能力发展特点[J]. 幼儿教育(教育科学版), 2008(Z1).

[78] 李欣珍. 浅谈幼儿对汉语语法的理解及其影响因素[J]. 现代语文(语言研究版), 2007(2).

[79] 李行德. 语言发展理论和汉语儿童语言[J]. 现代外语, 1997(4).

[80] 李宇明, 等. 试论成人同儿童交际的语言特点[J]. 华中师范大学学报(人文社会科学版), 1987(6).

[81] 李宇明, 唐志东. 四岁前儿童"谁"字句的发展[J]. 语言研究, 1990(2).

[82] 李宇明. 语言学习异同论[J]. 世界汉语教学, 1993(1).

[83] 李宇明. 儿童语言发展的连续性及顺序性[J]. 汉语学习, 1994(5).

[84] 李宇明. 语言教学和儿童语言研究[J]. 语言文字应用, 1998(1).

[85] 李宇明, 陈前瑞. 群案儿童的问句理解[J]. 华中师范大学学报(人文社会科学版), 1997(2).

[86] 李卓. 皮亚杰儿童认知发展理论与儿童语言习得[J]. 山西广播电视大学学报, 2007(3).

[87] 刘颖. 汉语儿童早期语言发展个案研究[D]. 山东大学, 2009.

[88] 梁如娥. 外语概念培养与儿童语义概念发展的认知对比[J]. 语文学刊, 2008(7).

[89] 梁卫兰, 郝波, 王爽, 张致祥, Tardif T., Fletcher P. 幼儿早期句法和句子表达长度研究[J]. 中国儿童保健杂志, 2004(3).

[90] 梁卫兰, 郝波, 王爽, 江玉卿, 杨艳玲, 张致祥, 左启华, Tardif

T., Fletcher P. 幼儿中文语言词汇发展的研究[J]. 中华儿科杂志, 2002(11).

[91] 梁卫兰, 郝波, 王爽, 杨艳玲, 张致祥, 左启华, Tardif T., Fletcher P. 中文早期语言与沟通发展量表——普通话版的再标准化[J]. 中国儿童保健杂志, 2001(5).

[92] 卢英俊, 施莹. 儿童语言系统大脑表征的发展及教育启示[J]. 幼儿教育(教育科学), 2009(10).

[93] [美]罗曼·雅可布逊, 余前文译述. 为什么叫"妈妈"和"爸爸"[J]. 语言学动态, 1978(4).

[94] 刘绍忠. 语境与语用能力[J]. 外国语, 1997(3).

[95] 刘卫华, 梁卫兰, 郝波, 王爽, 张致祥, Tardif T., Fletcher P. 北京市部分城区婴儿早期语言理解与表达的研究[J]. 中国儿童保健杂志, 2006(5).

[96] 李红, 何磊. 儿童早期的动作发展对认知发展的作用[J]. 心理科学进展, 2003(3).

[97] 廖慧. 手势与词的组合使用与早期句法发展关系研究[D]. 湖南大学, 2006.

[98] 马菊青. 儿童语言习得过程中语义发展规律研究[J]. 青海师范大学学报(哲学社会科学版), 2005(5).

[99] 马晓红. 儿童语言研究的新进展[J]. 中国科教创新导刊, 2007(25).

[100] 缪小春, 朱曼殊. 幼儿对某几种复句的理解[J]. 心理科学, 1989(6).

[101] 缪小春, 桑标. 5—8岁儿童对几种偏正复句的理解[J]. 心理科学, 1994(1).

[102] 缪小春. 汉语语句的理解策略——词序和词义在汉语语句理解中的作用[J]. 心理科学通讯, 1982(6).

[103] 刘春燕. 普通话儿童语音习得研究综述[J]. 长沙师范专科学校学

报，2006(4).

[104] 刘街生. 婴幼儿说明性身势的发展特征[J]. 心理科学，1999(6).

[105] 刘森林. 学龄前儿童语用发展状况实证研究——聚焦言语行为. 外语研究，2007(5).

[106] 刘晓, 金星明. 婴幼儿语言发育研究进展[J]. 临床儿科杂志, 2006 (3).

[107] 刘颖. 汉语儿童早期语言发展个案研究[D]. 山东大学，2009.

[108] 刘平, 孟庆娟. 第一语言与第二语言词汇习得顺序研究 [J]. 沈阳大学学报，2006(3): 94-96.

[109] 刘召兴. 汉语多义动词的义项习得过程研究[D]. 北京语言文化大学，2001.

[110] 刘鑫民. 词汇主义与后结构主义在汉语研究中的实践——评《词汇语法理论与汉语句法研究》[J]. 汉语学习，2002 (3).

[111] 陆俭明. 构式语法理论的价值与局限[J]. 南京师范大学文学院学报，2008(1).

[112] 陆丙甫, 蔡振光. "组块"与语言结构难度[J]. 世界汉语教学, 2009(1).

[113] 陆丙甫. 语句理解的同步组块过程及其数量描述[J]. 中国语文, 1986(2).

[114] 陆丙甫. 流程切分和板块组合[J]. 语文研究，1985(1).

[115] 缪小春, 桑标. 5—8岁儿童对几种偏正复句的理解[J]. 心理科学，1994(1).

[116] 孟爽, 李敏. 汉语儿童英语语音意识研究新进展[J]. 科教文汇（下旬刊），2008 (2).

[117] 孟祥芝, 舒华. 汉语儿童阅读障碍研究[J]. 心理发展与教育, 1999 (4).

[118] 欧阳俊林. 儿童语义习得与认知发展研究述略[J]. 语言文字应用，1999 (2).

[119] 潘世松. 不同年龄段语用主体语体特征研究[D]. 复旦大学, 2003.

[120] 潘世松. 学龄前语用主体辞格习得考察[J]. 修辞学习, 2004(4).

[121] 彭小红. 说汉语儿童早期代词习得[J]. 株洲工学院学报, 2004(4).

[122] 彭小红. 论语言语境对儿童话语产出的影响[J]. 湖南第一师范学院学报, 2006(4).

[123] 彭小红, 崇慧芳. 从范畴化视角看说汉语儿童的早期名词习得[J]. 安徽理工大学学报(社会科学版), 2010(1).

[124] 秦喆, 陈家麟. 对学龄初期儿童游戏的心理学再认识[J]. 苏州教育学院学报, 2008(3).

[125] 时秀娟. 简论汉语儿童语音习得研究的理论探索[J]. 语言文字应用, 2007(3).

[126] 司富珍. 中心语理论和"布龙菲尔德难题"——兼答周国光[J]. 当代语言学, 2006 (1).

[127] 司玉英. 普通话儿童语音习得的个案研究[J]. 当代语言学, 2006(1).

[128] 宋刚. 普通话儿童早期动词习得：范畴、论元结构与句法线索[D]. 北京语言大学, 2009.

[129] 宋会鸽. 从认知的角度看现代汉语人称代词的偏离用法[J]. 忻州师范学院学报, 2009(1).

[130] 宋苗境, 彭景华. 儿童汉语语音意识发展之研究[J]. 读与写杂志, 2008(1).

[131] 宋雪松, 张忠梅. 儿童语言习得认知观与早期双语教育[J]. 学前教育研究, 2008 (1).

[132] 宋正国. 4—8岁儿童句子可接受性判断能力及其特点[J]. 心理科学, 1992(5).

[133] 李素建. 汉语组块计算的若干研究[D]. 中国科学院研究生

院，2002.

[134] 钱琴珍. 儿童对汉语知识内隐记忆和外显记忆的实验研究[D]. 华东师范大学，2006.

[135] 苏新春. 元语言研究的三种理解及释义型元语言研究评述[J]. 江西师范大学学报，2003(6).

[136] 孙广路. 基于统计学习的中文组块分析技术研究[D]. 哈尔滨工业大学，2008.

[137] 孙艳红. 四岁前汉语儿童名词性偏正短语习得情况考察[D]. 首都师范大学，2009.

[138] 牛书杰，吕建斌. 人类组块理论研究[J]. 重庆大学学报(社会科学版)，2005(1).

[139] 田晓丹. 1—3岁汉族儿童语法习得[D]. 东北师范大学，2006.

[140] 佟乐泉. 儿童的言语习得和语言学习[A]. 语言文字应用研究论文集(Ⅱ)[C]，2004.

[141] 田玮玮. 早期儿童被动句习得研究[D]. 首都师范大学，2008.

[142] 王葆华. 语言习得理论研究的重要突破——读《汉语句法结构习得研究》[J]. 世界汉语教学，1999(4).

[143] 王金秀. 儿向语言在儿童语言习得过程中的作用分析[J]. 市场周刊(研究版)，2005(5).

[144] 王立非，刘斌. 国际儿童口语语料库录写系统的赋码原则初探[J]. 解放军外国语学院学报，2003(1).

[145] 王永坡. 汉语早期儿童的隐喻机制及多义词发展研究[D]. 首都师范大学，2007.

[146] 王永德. 从儿童语法习得过程看对外汉语语法教学[J]. 心理科学，2001(3).

[147] 王永德. 基于认知发展的儿童汉语句法习得[J]. 宁波大学学报(教育科学版)，2001(2).

[148] 王骏. 字本位与认知法的对外汉语教学[D]. 华东师范大

学,2006.

[149] 王祥荣. 儿童语言中的"上","下"类方位词[J]. 安徽师范大学学报(人文社会科学版),2000(4).

[150] 王寅. 事件域认知模型及其解释力[J]. 现代外语,2005(1).

[151] 王寅. 解读语言形成的认知过程——七论语言的体验性:详解基于体验的认知过程[J]. 四川外语学院学报,2006(6).

[152] 王寅. 认知语言学的意义新观:体验性概念化[J]. 解放军外国语学院学报,2008(4).

[153] 王葆华. 儿童语素习得顺序及相关解释[J]. 山东外语教学,2000(4).

[154] 王沛,蔡李平. 儿童语言获得之认知发展机制研究新进展[J]. 心理科学,2006(5).

[155] 魏锦虹. 0—3岁儿童心理词库的建立与发展[J]. 阜阳师范学院学报(社科版),2002(5).

[156] 魏锦虹. 论0—3岁儿童词义理解的几个阶段[J]. 淮南师范学院学报,2003(4).

[157] 魏锦虹. 低龄儿童词义理解度的发展及其他[J]. 阜阳师范学院学报(社科版),2005a(1).

[158] 魏锦虹. 低龄儿童词义理解的策略[J]. 修辞学习,2005b(2).

[159] 温志军,胡瑰玲. 开发利用世界上最大的儿童语料库——CHILDES[J]. 外语教学与研究,2001(5).

[160] 温晓虹,张九武. 语言习得研究概述[J]. 世界汉语教学,1992(1).

[161] 吴琳. 试论汉语儿童语用能力的发展[D]. 哈尔滨工程大学,2002.

[162] 吴睿明,黄彦萍,李红,冯廷勇,龙长权. 3.5—5.5岁儿童时序认知能力的发展研究[J]. 心理发展与教育,2005(3).

[163] 武进之,朱曼殊. 影响儿童语言获得的几个因素[J]. 心理科学,

1982（5）.

［164］吴天敏，许政援. 初生到三岁儿童言语发展记录的初步分析［J］. 心理学报，1979（2）.

［165］吴汉民. 内部思维机制的组块论模型［J］. 现代哲学，1991（3）.

［166］汲克龙. 两至四岁汉语儿童叙事语篇生成能力的发展——从语篇衔接与连贯角度所做的初步探索［D］. 首都师范大学，2009.

［167］夏雪融. 汉—英双语儿童语码转换研究［D］. 华中师范大学，2011.

［168］肖玲. 早期儿童语言泛化现象研究［D］. 首都师范大学，2007.

［169］肖玲. 汉语儿童动词论元结构习得研究——对句法启动猜想的质疑［J］. 科技信息，2009（4）.

［170］肖丹，杨小璐. 一岁儿童动词发展的个案研究［J］. 清华大学教育研究，2003（S1）.

［171］谢翠平. 儿童早期语言发展的个体发生个案研究——复杂自适应系统理论视角［D］. 西南大学，2015.

［172］邢红兵，舒华，李平. 小学儿童词汇获得的自组织模型［J］. 当代语言学，2007（3）.

［173］熊学亮. 语言的ICM和语言研究的ICM［J］. 复旦学报（社会科学版），2003（3）.

［174］徐宝良. 学前儿童汉语语音意识的相关研究［D］. 华东师范大学，2006.

［175］徐芬. 儿童汉语和英语语音意识的发展特点及其相互关系［D］. 浙江大学，2002.

［176］徐洪征. 解析术语"话语"与"语篇"［J］. 外语学刊，2010（3）.

［177］徐火辉. 汉语儿童量化否定句理解的发展［J］. 心理科学，1990（4）.

［178］徐山. 0至1岁半的儿童语言［J］. 苏州大学学报（哲学社会科学版），1995（4）.

[179] 徐速. 儿童语言发展研究的新进展[J]. 温州师范学院学报, 2003(4).

[180] 徐通锵. 语义句法刍议——语言的结构基础和语法研究的方法论初探[J]. 语言教学与研究, 1991(3).

[181] 许政援, 闵瑞芳. 汉语儿童人称代词的获得[J]. 心理学报, 1992(4).

[182] 许政援, 郭小朝. 11—14个月儿童的语言获得——成人的言语教授和儿童的模仿学习[J]. 心理学报, 1992(2).

[183] 许政援. 儿童语言和认知(思维)发展的关系[J]. 心理学报, 1994a(4).

[184] 许政援. 对儿童语言获得的几点看法——从追踪研究结果分析影响儿童语言获得的因素[J]. 心理发展与教育, 1994b(3).

[185] 许政援. 三岁前儿童语言发展的研究和有关的理论问题[J]. 心理发展与教育, 1996(3).

[186] 严辰松. 构式语法论要[J]. 解放军外国语学院学报, 2006(4).

[187] 鄢超云. 儿童的朴素理论及其学前教育意义[J]. 上海教育科研, 2003a(4).

[188] 鄢超云. 从日常概念到朴素理论——维果茨基关于日常概念与科学概念的理论及其挑战[J]. 学前教育研究, 2003b(5).

[189] 杨蓓. 上海儿童的上海话音系习得[D]. 复旦大学, 2003.

[190] 杨继芬. 2—5岁儿童空间维度形容词"高/低"的语义认知研究[D]. 上海师范大学, 2009.

[191] 杨海燕. 4—6岁儿童未来时间认知教学的实验研究[D]. 东北师范大学, 2004.

[192] 杨金焕. 4—5岁儿童会话能力研究——基于"儿童—成人"与"儿童—同伴"比较视角[D]. 南京师范大学, 2016.

[193] 杨文秀. 语用能力·语言能力·交际能力[J]. 外语与外语教学, 2002(3).

[194]杨小璐.现代汉语"才"与"就"的母语习得[J].现代外语,2000(4).

[195]宇斌.论语言学习的认知心理学基础[J].教育评论,1999(3).

[196]袁园.普通话早期儿童声母习得偏误研究[D].首都师范大学,2009.

[197]乐守红.浅论儿童语言能力培养的起点[J].盐城师范学院学报(人文社会科学版),2004(1).

[198]乐守红.2岁至3岁儿童语言中复句的发展[J].盐城师范学院学报(人文社会科学版),2006(5).

[199]乐守红.2岁至3岁儿童语言中修饰词的发展[J].华章,2009(16).

[200]约翰·麦克纳马拉,王汝仁.幼儿语言学习的认知基础[J].心理科学,1981(6).

[201]曾琦,董奇,陶沙,Joseph J. Campos.婴儿客体永久性发展机制的研究[J].心理学报,1997(4).

[202]曾衍桃,蔡蔚.儿童词汇习得理论述评[J].暨南大学华文学院学报,2002(2).

[203]张春泉.第一人称代词的虚指及其心理动因[J].浙江大学学报(人文社会科学版),2005(3).

[204]张放放,周兢.儿童叙事能力发展研究综述[J].幼儿教育(教育科学版),2006(6).

[205]张金桥.汉语句子理解中语言表达的命题表征项目互换效应[D].华南师范大学,2003.

[206]张璐.婴儿早期语言理解与表达研究[D].陕西师范大学,2007.

[207]张萌.汉语儿童反语理解的心理学研究[D].华南师范大学,2006.

[208]张廷香.基于语料库的3—6岁汉语儿童词汇研究[D].山东大学,2010.

[209] 张新彬. 儿童语言习得的"形式—功能互补"理论研究模式[D]. 上海外国语大学, 2005.

[210] 张兴峰, 吴卫东. 幼儿语言习得过程中代词习得的个案研究[J]. 德州学院学报, 2007(1).

[211] 张旭. 汉语幼儿心理理论与语言的关系[D]. 华东师范大学, 2005.

[212] 张仁俊, 朱曼殊. 婴儿的语音发展——一例个案的分析[J]. 心理科学, 1987(9).

[213] 张仁俊. 幼儿对空间词汇的掌握[J]. 心理发展与教育, 1986(4).

[214] 张钊. 汉语婴幼儿语法范畴的最初习得[D]. 中国社会科学院研究生院, 2012.

[215] 章依文, 金星明, 沈晓明, 张锦明. 2—3岁儿童语言发育迟缓筛查标准的建立[J]. 中国儿童保健杂志, 2003(5).

[216] 章依文, 金星明, 沈晓明, 张锦明. 2—3岁儿童词汇和语法发展的多因素研究[J]. 中华儿科杂志, 2002(11).

[217] 张云秋, 赵学彬. 早期儿童副词习得的优先序列——北京话早期儿童副词习得个案研究[J]. 世界汉语教学, 2007(3).

[218] 张云秋, 符晶. 儿童母语获得的机制和动因[J]. 学术交流, 2007(10).

[219] 张云秋, 王忠玲, 肖永华. 四岁前儿童否定结构类型及误用的认知分析[J]. 首都师范大学学报(社会科学版), 2006(6).

[220] 张仁俊. 国外关于儿童获得空间词汇的研究[J]. 心理科学, 1985(2).

[221] 赵芳, 张云秋. 基于用法建构理论的汉语儿童主谓结构习得研究[J]. 齐齐哈尔大学学报(哲学社会科学版), 2009(1).

[222] 周国光. 儿童语言习得理论的若干问题[J]. 世界汉语教学, 1999(3).

[223] 周国光. 汉语时间系统习得状况的考察[J]. 语言文字应用, 2004

(4).

[224] 周国光, 孔令达, 李向农. 1—5岁儿童使用介词"给"情况的调查和分析[J]. 安徽师范大学学报(人文社会科学版), 1991 (2).

[225] 周国光. 儿童语言习得理论的若干问题[J]. 世界汉语教学, 1999 (3).

[226] 周国光. 儿童习得副词的偏向性特点[J]. 汉语学习, 2000 (4).

[227] 周国光. 汉语儿童习得述宾结构状况的考察[J]. 语言文字应用, 1996 (3).

[228] 周国光. 1—5岁儿童使用双宾结构状况的考察[J]. 心理科学, 1997 (2).

[229] 周国光. 儿童使用否定词"不"及其相关否定结构状况的考察[J]. 语言文字应用, 2002 (4).

[230] 周国光, 孔令达, 李向农. 儿童语言中的被动句[J]. 语言文字应用, 1992 (1).

[231] 周兢. 汉语儿童的前语言现象[J]. 南京师大学报(社会科学版), 1994 (1).

[232] 周兢. 汉语儿童语言发展阶段新说[J]. 南京师大学报(社会科学版), 1997 (1).

[233] 周兢, 张莉, 李传江. 汉语学前儿童的词汇语义发展研究[J]. 语言战略研究, 2017(6).

[234] 周晓红. 第一语言习得研究概况[J]. 理论界, 2008 (5).

[235] 周新玲. 语言规范层次性的个案分析[J]. 语文教学与研究, 2007 (7).

[236] 郑荔. 学前儿童修辞性语言的出现与培养[J]. 学前教育研究, 2009 (2).

[237] 郑荔. 学龄前儿童"修辞特征"语言研究[D]. 南京师范大学, 2008.

[238] 郑振宇. 2267名2—6岁儿童汉语单音节词语音发展状况调查

[D]. 华中科技大学, 2007.

[239] 朱曼殊, 武进之, 缪小春. 幼儿口头言语发展的调查研究1. 幼儿简单陈述句句法结构发展的初步分析[J]. 心理学报, 1979(3).

[240] 朱曼殊, 武进之. 影响儿童理解句子的几个因素[J]. 心理科学通讯, 1981(1).

[241] 朱曼殊, 华红琴. 儿童对因果复句的理解[J]. 心理科学, 1992(3).

[242] И. Н. Горелов, 鲁桓, 俞约法. 根据心理语言学和神经生理学材料讨论深层结构和表层结构[J]. 当代语言学, 1981(3).

三、网页、新闻报道类

[1] 科学家发现儿童语言障碍基因[N]. 参考消息, 2008-11-10(07).

[2] 科学家首次捕获记忆形成图像[N]. 参考消息, 2009-6-29(07).

[3] 詹卫东. 确立语义范畴的原则及语义范畴的相对性. 21世纪首届现代汉语语法国际研讨会论文. http://ccl.pku.edu.cn/doubtfire/semantics/973_beida/sem_principle.htm.

[4] http://www.teachingenglish.org.uk/think/knowledge-wiki/silent-period.

[5] 海伦·凯勒. http://baike.baidu.com/view/3751.htm.

[6] 顿悟过程中组块破解的大脑奥秘被揭开. http://zhihai.heshang.net/Article/fxyj/xsjl/200805/57444.html.

[7] 学飞. 组块记忆法——考研致胜的法宝. http://www.kuakao.net/?viewnews-41613.

[8] 鄢超云. 儿童的朴素理论及其学前教育意义. http://www.mankt.net/ReadNews.asp?NewsID=538.

[9] 五个月宝宝加减乘除识千字 专家确认其超常(图). http://news.sohu.com/20100921/n275174160.shtml.

[10] 我国将明确人名汉语拼音拼写规则 姓在前名在后. http://news.sohu.com/20101018/n275856323.shtml.